상담문제 영역 6

성희롱 · 성폭력 상담자 가이드

하혜숙 저

상 담 학 Best Practice 시리즈

학지사

발간사

"상담학은 상담에 관한 이론 연구뿐만 아니라 그 실천에 대한 연구 또한 중요하다."라는 명제에 대해 대부분의 상담학도들이 동의하리라 생각된다. 현재 우리나라에는 이미 수백 명의 상담학 전문가가 활동하고 있으며 수천 명의 학생들이 전문가가 되기 위한 수련을 하고 있다. 우리 상담전문가들은 청소년, 교육, 복지, 기업, 군대, 법원, 진로개발 등 여러 분야에서 전문적 활동을 하면서 국가와 사회에 공헌하고 있다. 상담의 실제는 이미 다양한 분야와 영역에 걸쳐 발전하고 있는 것이다.

'상담학 Best Practice 시리즈'는 실제 상담현장에서 수고하는 많은 상담전문가들의 실천 경험을 기반으로 하여 기존의 상담학 교재들의 이론 중심 내용에서 벗어나, 보다 실제적이고 상담현장에서 쉽게 적용해 볼 수 있는 사례 중심의 실천적 상담교재라 할 수 있다. 상담학 Best Practice 시리즈는 상담기법 영역, 상담문제 영역, 상담 프로그램 영역, 상담자 전문성개발 영역 등 총 4개 영역으로 구성되었다. 이론보다는 실제 사례를 통해 이론과 기법들이 사례에 어떻게 적용되는지 그 과정과 절차를 자세히 기술하여 상담자들의 실천적 지식을 높이고자 하였으므로, 상담학에 입문한 전공자나 학교 현장의 전문상담교사 그리고 전국의 청소년상담센터 상담전문가들에게 실제적인 도움이 될 수 있을 것이다.

이 시리즈는 한국 상담학계에서 활발히 활동하고 있는 상담학 교수 및 박사들로 구성된 각 영역의 전문가들이 힘을 모아서 집필한 결실이다. 이 시리즈가 출간될 수 있도록 애써 주신 집필진 모두에게 편집위원회를 대표하여 진심으로 고마움을 전한다. 아울러 상담학 Best Practice 시리즈가 출간될 수 있도록 아낌없이 지원해 주신 학지사 김진환 사장님과 최임배 상무님을 비롯한 관계자 여러분께도 감사드린다.

2007년

상담학 Best Practice 시리즈 편집위원회 위원장

김계현

머리말

최근 10여 년 동안 우리 사회에서 성희롱 · 성폭력만큼 빠른 속도로 사회적 관심을 불러일으킨 문제는 없을 것입니다. 이는 대학의 경우도 예외는 아닙니다. 대학마다 성희롱 · 성폭력 문제를 상담하고 해결하기 위한 전담 기구를 설치하고 있으며, 정책적 대안을 다방면으로 강구하고 있습니다. 또한 이 문제에 관한 학술 연구도 점점 증가하고 있습니다.

성희롱 · 성폭력 상담의 핵심은 피해자가 후유증을 극복하고 건강한 일상으로 되돌아 갈 수 있도록 지원하는 것입니다. 그러나 문제를 좀 더 넓은 시각에서 보면, 대학 내의 성희롱 · 성폭력 상담은 문제가 발생한 근본적인 원인을 해소함으로써 대학 공동체를 회복하는 것이라고 생각할 수 있습니다. 왜냐하면 대학은 구성원의 비행을 조사하고 이를 처벌하는 형사 사법기관이 아니라 새로운 인식과 문화를 만들어 가는 교육기관이기 때문입니다. 바로 이 점이 대학 내의 성희롱 · 성폭력 상담의 본질에 더 가깝다고 생각합니다.

이 책은 상담 실무 현장에서 성희롱 · 성폭력 사건을 상담 · 조사 · 해결하는 상담자를 1차적 독자로 하고 있습니다. 따라서 성희롱 · 성폭력 사건을 실제로 다루는 데 필요한 구체적이고 전문적인 정보를 비교적 많이 실었습니다. 대학 상담소를 위주로 설명하고 있지만, 일반 상담소에서도 성희롱 · 성폭력 관련 문제를 다룰 때 이 책의 정보를 적용할 수 있습니다. 또한 전문적인 독자층뿐만 아니라 이 문제에 관심이 있는 일반 독자를 위해 비교적 간략하게 이론적 내용이나 법률적 사항도 다루었습니다. 기존의 성희롱 관련 서적들은 성희롱 · 성폭력의 이론적 측면을 중심으로 기술한 것에 반해, 이 책은 비록 제한된 지면이나마 이론과 실제를 최대한 압축하여 다루려고 노력했습니다.

현재 전국 대다수의 대학이 성희롱 · 성폭력 관련 규정을 제정하고 관련 고충처리 절차를 마련하고 있지만, 정책 집행의 실제에서는 대학에 따라 편차가 크게 나타나고 있습니다. 게다가 다수의 대학은 성희롱 · 성폭력 상담 및 고충처리 업무를 담당할 전문 인력이나 자원이 부족한 상황입니다. 이러한 현실을 고려하여 이 책에서는 현재 각 대학에서 성희롱 · 성폭력 예방 및 처리 업무를 담당하는 상담자를 위한 안내서로 활용될 수 있도록 상담 및 조사 실무에 관한 구체적인 지식과 정보 제공에 초점을 두었습니다.

일반적으로 사람들은 대학 내의 성희롱 · 성폭력 상담소를 사건을 조사하여 가해자를 처벌하는 소극적 기능을 담당하는 기구로 오해하는 경우가 많습니다. 즉, 성희롱 · 성폭력 상담소를 피해자와 가해자 모두가 자신의 어려움을 해결하기 위해 도움을 청할 수 있는 제도로 인식하기보다는 주로 피해자가 문제를 제기하는 창구로만 이용되고 있습니다. 이러한 오해는 성희롱 예방교육의 활성화를 어렵게 할 뿐만 아니라, 성희롱 상담소의 기능을 축소시키는 결과를 가져옵니다. 대학 내의 성희롱 · 성폭력 상담 기구는 교육기관으로서 학내 구성원들의 성적 의사소통 방식과 바람직한 성문화에 대해 교육하고, 성희롱 · 성폭력 문제로부터 구성원을 보호하는 적극적 조정 기능을 해야 합니다. 성희롱 · 성폭력 상담소는 이러한 적극적 조정 기능을 통해 대학의 성희롱 · 성폭력 문제가 개인 간, 집단 간의 극단적인 갈등과 충돌로 치닫지 않고 자율적으로 해결될 수 있도록 도움으로써 관련 당사자 및 해당 집단의 이익과 명예를 보호하는 역할을 해야 합니다. 가해자를 조사하여 처벌하는 기능이라면 굳이 상담소를 교육기관 내에 설치할 필요가 있겠습니까? 대학 밖에 관련 시민단체도 많고 경찰과 검찰 등 형사사법 기능을 담당하는 기구는 얼마든지 있습니다. 성희롱 · 성폭력 상담의 기능은 남녀가 평등하게 조화를 이루어 가는 교육의 과정이며, 또한 우리 사회의 새로운 생활 문화를 적극적으로 창조함으로써 사회와 국가에 이바지하는 과정이기도 합니다.

이 책이 각 대학의 성희롱 · 성폭력을 예방하고, 성희롱 · 성폭력 관련 현안들을 해결하는 데 도움이 되기를 기대합니다.

2009년

하혜숙

차 례

1 성희롱·성폭력 상담의 기초

일반적으로 성희롱 상담에서 부딪히는 가장 큰 어려움은 가해자와 피해자가 동일한 사건을 전혀 다르게 해석하여 문제해결의 실마리를 찾기 힘들다는 것이다. 이는 피해자와 가해자의 성희롱에 대한 인식이 엇갈림에 따라 피해 사실의 진위를 가리기가 매우 힘든 성희롱 사건의 일반적인 양태에서 발생하는 어려움이라고 할 수 있다. 성희롱 상담의 경우, 일반적으로 피해자는 자신이 경험한 피해에 대해 가해자로부터 진정한 사과를 받고 싶어 한다. 하지만 대부분의 가해자는 자신은 성희롱을 할 의도가 전혀 없었으며, 따라서 자신의 행위는 성희롱에 해당하지 않는다고 반박한다. 가해자와 피해자의 이러한 입장 차이 때문에 문제해결에서 가장 필수적인 가해자의 사과가 쉽게 이루어지지 않는다. 경우에 따라 가해자가 사과를 해야 하는 이유를 스스로 납득하지 못하기 때문에 사과 자체가 성립되지 않는다. 혹은 설령 가해자가 사과를 하더라도 그것이 피해자에게는 사과로 받아들여지지 않는다. 이러한 상황에서 상담자가 어느 한쪽의 입장을 대변하거나 강제적으로 조정한다면, 어느 쪽이든 불만을 가지게 되며, 결국 문제는 해결되지 않고 가해자와 피해자의 인식 차이가 더욱 커지게 된다.

이러한 점이 성희롱 상담의 실제에서 가장 어려운 점이기도 하고 상담의 필요성이 부각되는 부분이다. 성희롱 상담의 역할은 가해자와 피해자가 상호 간에 인식의 괴리를 발견하고 이러한 인식 차이가 발생하는 원인을 이해하게 함으로써 상대방의 관점과 입장을 받아들이도록 하여 문제를 현실적으로 해결하는 것에 중점을 둔다고 할 수 있다. 왜냐하면 성희롱의 경우 가해자와 피해자의 인식의 불일치에 대한 충분한 이해를 전제하지 않은 해결책은 가해자의 분노와 보복 심리로 2차 가해의 발단이 될 수 있으며, 표면적으로 문제해결이 된 것처럼 보일지라도 피해자의 심리적 피해가 해소되지 않았을 가능성이 크기 때문이다.

동일한 맥락에서 보면, 성희롱 현상의 다면성과 이에 대한 인식의 주관성은 예방교육의 효과를 떨어뜨리고, 교육 대상자의 심리적 거부감을 불러일으키는 근본 이유 중의 하나라고 볼 수 있다. 성희롱 현상에는 사건의 특성과 교육 대상자의 입장에 따라 인식이 전혀 다르게 형성될 수 있는 행태가 광범위하게 존재한다. 따라서 교육 대상자들의 성희롱에 대한 인식의 차이, 특히 성별에 따른 인식의 차이를 충분히 고려하지 않는다면 거부감 때문에 교육의 효과가 충분히 발휘되기 어렵다. 예를 들면, 명백한 성희롱이나 비성희롱 행위에 대해서는 대부분의 교육 대상자들이 성희롱에 대해 명백하게 판단할 수 있기 때문에 이에 대해서는 이견이 발생하지 않는다. 그러나 성희롱형과 비성희롱형의 중간에 위치해서 어느 쪽으로든 해석될 가능성이 있는 성희롱 사건들에 대해서는 교육 대상자의 관점에 따라 인식이 다르게 형성될 수 있다. 즉, 교육 대상자들이 가해자 또는 피해자에게 자신을 동일시하는 관점을 취함으로써 남성 교육 대상자는 가해자에게, 여성 교육 대상자는 피해자에게 감정이입을 하게 된다. 이러한 경우에 교육 대상자들은 성희롱 예방교육의 핵심 메시지에 접근하지 못하고 교육 내용에 대해 반발감을 갖는다.

따라서 여기서는 성희롱 관련 문제들을 다루면서 어려움을 겪는 상담자와 실무자를 실질적으로 안내하고 돕기 위해 성희롱 · 성폭력의 정의와 성희롱 · 성폭력 상담의 특징 및 유의점을 제시하고자 한다.

1. 성희롱 · 성폭력의 정의

최근 들어 우리나라에서 성희롱 · 성폭력은 중요한 사회 문제가 되었으며, 따라서 이를 예방하기 위한 상담과 교육은 각급 학교, 공공기관, 기업체 등이 적극적으로 개발하고 실천해야 할 과제로 자리 잡았다. 또한 성희롱 · 성폭력은 여성학을 비롯하여 상담심리학, 교육학, 사회학, 사회복지학, 법학, 행정학 그리고 아동 및 청소년 연구 등에서 폭넓은 학제 간 연구의 주제로 자리 잡아 가고 있다(김계현, 김은경, 신상숙, 박정미, 김보명, 2005; 김정인, 2000; 이원숙, 2001; 천대윤, 1999).

이처럼 사회적으로 성희롱 · 성폭력에 대한 논의가 다양화되고 공론화되면서, 강간이나 강제추행과 같이 강한 물리적 강제력이 수반되는 성폭력 행위, 또는 노골적인 성교섭의 유혹이나 신체적인 성적 구애와 성적 접촉 등에 대해서는 일반인들 사이에 어느 정도의 객관적인 개념적 합의가 형성되어 있다(진정희, 2003; Fitzgerald, 1996; Frazier, Cochran, & Olson, 1995). 그러나 성희롱 현상은 수용자의 주관성이 크게 작용할 뿐만 아니라(김양희, 1995; Frazier, Cochren, & Olson, 1995), 상황적 맥락과 문화의 차이에 따라서도 인식이 달라질 수 있다(Weiner, 1985; Gutek, Morasch, & O'Connor, 1995)는 특징 때문에 많은 논란이 이어지고 있다. 즉, 성희롱 현상은 구성원들 사이(특히 남성과 여성)에 객관적으로 합의될 수 있는 수준의 인식이 형성되기도 전에 사회적 문제로 대두되어 쟁점화됨으로써, 문제를 해결하는 과정에서 큰 사회적 비용을 치르는 실정이라고 할 수 있다(천대윤, 1999).

1) 성희롱

우리나라에서 성희롱이라는 용어는 1980년대부터 특정한

'환영받지 못하는 성적 행태'를 지칭하는 성희롱, 성적 모욕, 성적 성가심 등으로 사용되기 시작하였다고 알려져 있으며, 성희롱이 사회적 쟁점으로 새롭게 나타나기 시작한 것은 1993년 서울대 교수의 조교 성희롱 사건 때부터라고 할 수 있다(천대윤, 1999; 김정인, 2000).

성희롱(sexual harassment)이란 직장, 공공단체, 학교 등의 단체생활에서 상대방이 원하지 않는 성적 언행으로 개인의 성적 자율권을 침해할 뿐만 아니라 노동권이나 교육권을 침해하는 행위를 뜻한다. 상대방이 원하지 않는 성적 언행에 해당하는 말과 행동의 범위는 성적 대상화를 포함하는 음담패설, 원하지 않는 데이트나 성관계 요구부터 추행이나 강간과 같은 성폭력 범죄에 이르기까지 매우 넓고 다양하다.

단체생활에서의 이러한 성적 언행은 그것의 수용 여부가 고용, 업무, 학업에서 이익 또는 불이익의 조건이 되거나, 적대적 환경을 조성하는 경우에 성희롱이 된다. 성희롱을 규제하는 까닭은 그것이 개별 행위에 그치는 것이 아니라 단체생활에서의 집단적 성차별을 가중시키고, 근로 및 학습의 조건과 환경을 불평등하게 하는 데 일조하기 때문이다. 유럽연합(EU)을 비롯한 여러 나라에서는 성희롱을 성별의 차이(성차)에 근거한 괴롭힘(gender harassment)으로 넓게 해석하고 있다. 여기서 harassment는 단순한 '희롱'보다는 성가심, 불안, 걱정을 끼치는 '괴롭힘'에 가까운 말이다.

성희롱은 어떠한 요소에 중점을 두느냐에 따라 다양하게

정의될 수 있지만, 여러 가지 논의들을 종합해 보면 성희롱은 다음과 같은 개념 요소를 내포하고 있다고 할 수 있다. 첫째, 특정 행위가 피해자가 원하지 않는(unwanted) 행위이며, 둘째, 성적인 행위 또는 성에 근거한 행위이며, 셋째, 고용 관계에 따른 업무뿐 아니라 학업 및 기타 개인의 업무를 포함하여 넓은 의미에서 업무와 직 · 간접적으로 관련이 있는 행위이며, 마지막으로 손해 내지 침해가 발생할 것 등의 요소들이 충족되는 행위는 성희롱에 해당될 수 있다(오정진, 1998).

미국의 경우, 「Title IX」의 1972년 「수정교육법(the Education Amendments of 1972)」에 따라서 교육적 맥락에서의 성희롱을 금지하고 있다. 이 법은 연방으로부터 재정 지원을 받는 교육 프로그램이나 활동에서 성(sex)에 기초한 차별을 금지하고 성차별 금지 항목에 성희롱을 포함한다. 여기에는 학내에 적대적 환경(hostile environment)이 존재하거나 성적 괴롭힘이 발생하고 있다는 사실을 인지했을 경우, 또는 성적 괴롭힘에 대해 합리적이거나 효과적인 시기적절한 조치를 취하지 못할 경우 학교의 책임을 규정하고 있다.

성희롱의 법적 · 제도적 개념으로 잘 알려진 미국의 평등고용기회위원회(Equal Employment Opportunity Commission)는 성희롱을 '원하지 않는 성적인 접근, 신체적 접촉의 요구, 또는 기타 성적인 성격을 띤 언어적 · 육체적 행위로, 그 행위의 수용이 명시적으로든 묵시적으로든 한 개인의 고용에 대한 대가나 조건으로 이뤄지거나 그 행위의 수용 또는 거부가 고용

결정의 근거로 사용되는 경우, 또는 그러한 행위가 개인의 업무 능률을 저해하거나, 위협적, 적대적, 공격적 업무 환경을 조성할 목적에서 비롯되거나, 결과적으로 그러한 효과가 있는 경우'로 정의하였다. 이러한 정의를 기초로 성희롱의 유형을 '조건형 성희롱'과 '적대적 환경형 성희롱'으로 구분하기도 한다.

(1) 조건형(quid pro quo) 성희롱

이것은 성적 호의나 서비스의 제공 여부를 고용, 업무, 학업 평가의 조건으로 삼아 이익 또는 불이익을 주는 행위를 말한다. 가령 모종의 '이익'을 암시하며 성적 요구를 하거나(대가형), 이러한 요구를 수용하지 않고 거부할 경우 '불이익'을 당할 수 있음을 암시하거나, 실제로 불이익을 주는 행위(보복형)가 여기에 포함된다. 대체로 조건형 성희롱은 고용주-피고용인, 상급자-하급자, 교수-학생처럼 지위 격차가 있는 위계 관계에서 발생하기 쉬운 유형이다.

(2) 적대적 환경형(hostile environment) 성희롱

이 유형은 어떤 성적인 말이나 행동이 상대방에게 성적 굴욕감이나 혐오감을 불러일으켜 고용, 업무, 교육 및 학습 환경을 악화시키는 것을 말한다. 상대방에게 혐오감을 주는 음담패설, 외모에 대한 성적인 평가, 특정성을 비하하는 차별적인 언행 등이 지속적으로 반복되면 직무 수행이나 학업 성취를 저해하는 적대적 환경을 구성한다고 볼 수 있다. 적대적 환경형 성희롱은 지위 고하와는 무관하게 학과 동기나 직장 동료들 사이에서도 흔히 일어난다.

2) 성폭력

성폭력(sexual violence)이란 개인의 성적 자율권을 침해하는 정신적, 언어적, 신체적 폭력으로, 상대방의 의사에 반(反)하여 이뤄지는 모든 성적 언동을 말한다. 성폭력이라고 하면 흔히 '성폭행'이라고 돌려 말하는 '강간'이나 '추행'과 같은 신체적인 폭력을 떠올리기 쉽다. 물론 이러한 행위들은 형법상의 범죄이며, 우리나라의 「성폭력범죄의 처벌 및 피해자보호 등에 관한 법률」은 이를 '성폭력 범죄'로 규정하여 무거운 처벌을 내린다. 오늘날 성폭력은 신체적인 폭력이나 형법상의 범죄에 한정되는 것이 아니라, 정신적 및 언어적 폭력을 포괄하는 보다 넓은 개념으로 이해되고 있다. 직접적인 신체 접촉이 없는 행위일지라도 성폭력이 될 수 있다. 예를 들면, 여성에게 모욕감을 주는 성적인 농담을 반복하는 것, 외설적인 글이나 그림을 전자우편으로 보내는 것, 그리고 집요하게 전화를 걸거나 따라다니면서 괴롭히는 스토킹 역시 성폭력에 해당한다. 다시 말하면, 성폭력은 반드시 폭행이나 협박과 같은 물리적인 강제가 있어야 하는 것이 아니다. 상대방의 동의를 얻지 않았거나 상대방이 자유롭게 의사 표시를 할 수 없는 상태에서 일방적으로 부과하는 성적인 말과 행동 역시 상대방의 권리를 침해하는 행위라고 할 수 있다.

3) 성희롱과 성폭력의 관계

성폭력과 성희롱은 상대방이 원하지 않는 성적 언행으로 피해를 주는 행위라는 공통점이 있다. 직장이나 학교와 같은 단체의 구성원들 간에 일어나는 성폭력은 개인의 성적 자율권을 침해하며, 고용 조건, 교육 조건 및 환경에 영향을 주기 때문에 성희롱 금지 규정을 위반하는 행위다. 만약 그 행위가 강간, 강제추행 및 미수와 같은 '성폭력 범죄'라면, 해당 단체의 징계를 받는 것은 물론 형사 처분의 대상이 될 수 있다. 그러나 우리나라의 법규상 성희롱 규제의 대상은 사업체와 공공기관의 종사자, 사용자, 근로자 등으로 범위가 한정되어 외부인과의 관계에서 발생한 성폭력에 대해서는 성희롱 규정이 적용되지 않는다. 반면에 단체생활에서 상대방에게 부과하는 원하지 않는 성적 언행이나 요구는 설령 성폭력에 이르지 않는 경우일지라도 성희롱에 해당될 수 있다.

4) 성희롱 · 성폭력 관련 법령의 이해

성희롱 · 성폭력에는 직접적인 신체 접촉이 없는 언어적 행위부터 강제추행이나 강간까지 매우 다양한 형태들이 있다. 따라서 이 문제에 관한 관련 법령도 행위의 유형이나 규제 범위에 따라 다양하게 제정되어 있다. 우리나라에서 성희롱이 사회적으로 문제화된 계기는 1993년의 서울대학교 교수의 조교 성희롱 사건이라고 할 수 있다. 이 사건은 대학 내에서 고용 관계에 있던 조교가 담당교수로부터 성희롱을 받았으며, 이를 거부하자 계속 임용이 거부되었다며 제기되었다. 1998년 대법원은 피고 교수의 일부 언동을 '위법한 성희롱'으로 인정하여 원고 조교의 정신적 피해에 대한 손해배상책임을 판결함으로써 마무리되었다. 이 사건은 우리 사회에서 그때까지 비교적 생소한 성희롱의 개념을 확립하고, 이를 규제하기 위한 입법 노력을 촉구하는 계기가 되었다.

1995년 「여성발전기본법」이 제정되면서 성희롱이라는 용어가 법에 처음으로 명시되자, 성희롱 예방은 직장 내 평등한 근무환경 조성을 위하여 국가, 지방자치단체 및 사업주가 취해야 할 조치 중의 하나로 규정되었다. 이어 「남녀차별금지 및 구제에 관한 법률」과 「남녀고용평등법」이 제정 또는 개정되면서 성차별 금지, 성희롱의 개념과 예방교육 등에 관한 조항이 포함되었다. 그리고 「남녀차별금지 및 구제에 관한 법률」이 폐지되고 성희롱에 관한 주요 내용이 「여성발전기본법」으로 통합되었다. 먼저 「여성발전기본법」에서는 성희롱을 업무, 고용, 그 밖의 관계에서 국가기관 · 지방자치단체 또는 대통령령이 정하는 종사자, 사용자 또는 근로자가 그 지위를 이용하거나 업무 등과 관련하여 성적 언동 등으로 상대방에게 성적 굴욕감이나 혐오감을 느끼게 하거나, 상대방이 성적 언동이나 그 밖의 요구 등에 따르지 아니하였다는 이유로 고용상의 불이익을 주는 것으로 정의하고 있다(제3조 제4항). 또한 고용 관계가 성립하는 모든 사업장에서 직장 내 성희롱을 금지하는 「남녀고용평등과 일 · 가정 양립 지원에 관한 법률」에서는 사업주 · 상급자 또는 근로자가 직장 내의 지위를 이용하거나 업무와 관련하여 다른 근로자에게 성적 언동 등으로 성적 굴욕감 또는 혐오감을 느끼게 하거나 성적 언동 또는 그 밖의 요구 등에 따르지 아니하였다는 이유로 고용에서 불이익을 주는 것으로 정의하고 있다(제2조 제2항).

이와 같이 대학을 비롯한 각 학교 및 공공기관은 「여성발전기본법」 및 시행령에 의거하여 성희롱 예방과 처리에 관한 사항을 이행해야 한다. 또한 대학 및 공공기관에 근무하는 직원들은 고용 관계가 성립하기 때문에 「남녀고용평등과 일 · 가정 양립 지원에 관한 법률」이 정한 피해 구제 절차를 이용하는 것도 가능하다. 우리나라의 성희롱 · 성폭력 관련 법령과 지침의 주요 내용은 다음과 같다.

「여성발전기본법」 및 시행령

성희롱의 정의(제3조 제4항)

- "성희롱"이란 업무, 고용, 그 밖의 관계에서 국가기관 · 지방자치단체 또는 대통령령으로 정하는 공공단체(이하 "국가기

관 등"이라 한다)의 종사자, 사용자 또는 근로자가 다음 각 목의 어느 하나에 해당하는 행위를 하는 경우를 말한다.

가. 지위를 이용하거나 업무 등과 관련하여 성적(性的) 언동(言動) 등으로 상대방에게 성적 굴욕감이나 혐오감을 느끼게 하는 행위

나. 상대방이 성적 언동이나 그 밖의 요구 등에 따르지 아니하였다는 이유로 고용상의 불이익을 주는 행위

성희롱의 방지 등(제17조의2)

① 국가기관 등의 장과 사업주는 대통령령으로 정하는 바에 따라 성희롱을 방지하기 위하여 교육을 하는 등 필요한 조치를 하여야 하고, 국가기관 등의 장은 그 조치 결과를 여성부장관에게 제출하여야 한다.

② 여성부장관은 제1항에 따른 국가기관 등의 성희롱 방지조치에 대한 점검을 대통령령으로 정하는 바에 따라 매년 실시하여야 한다.

③ 여성부장관은 제2항에 따른 점검결과 성희롱 방지조치가 부실하다고 인정되는 국가기관 등에 대하여 대통령령으로 정하는 바에 따라 관리자 특별교육 등 필요한 조치를 취하여야 한다.

④ 여성부장관은 제2항에 따른 국가기관 등의 성희롱 방지조치 점검결과를 언론 등에 공표(公表)할 수 있다. 다만, 다른 법률에서 공표를 제한하고 있는 경우에는 그러하지 아니하다.

⑤ 제1항에 따른 성희롱 예방교육의 내용 · 방법 등 성희롱 방지조치에 필요한 사항은 대통령령으로 정한다.

성희롱 방지조치 및 점검 등(여성발전기본법시행령 제27조의2)

① 법 제17조의2 제1항에 따라 국가기관 · 지방자치단체 및 제2조 제4항에 따른 기관 또는 단체(이하 "국가기관 등"이라 한다)의 장은 성희롱 방지를 위하여 다음 각 호의 조치를 하여야 하고, 「남녀고용평등과 일 · 가정 양립 지원에 관한 법률」 제3조 제1항에 따른 사업 · 사업장 중 국가기관 등이 아닌 사업 · 사업장의 사업주는 「남녀고용평등과 일 · 가정 양립 지원에 관한 법률」에 따라 성희롱 방지조치를 하여야 한다.

1. 연 1회 이상 성희롱 예방교육 실시
2. 성희롱 방지조치 연간 추진계획 수립
3. 성희롱 관련 상담 및 고충 처리를 위한 공식 창구의 마련
4. 성희롱 고충담당자 지정
5. 자체 성희롱 예방지침의 마련
6. 그 밖에 자체 성희롱 방지를 위한 조치

② 제1항 제1호에 따른 성희롱 예방교육에는 다음 각 호의 내용이 포함되어야 한다.

1. 성희롱 예방에 관한 법령
2. 성희롱 발생 시 처리절차 및 조치기준
3. 성희롱 피해자에 대한 고충상담 및 구제절차
4. 성희롱을 한 자에 대한 징계 등 제재조치
5. 그 밖에 성희롱 예방에 필요한 사항

③ 국가기관 등의 장은 제1항에 따른 성희롱 방지조치의 결과를 매년 2월 말까지 여성부장관에게 제출하여야 한다.

④ 법 제17조의2 제2항에 따라 여성부장관은 제3항에 따라 제

출된 성희롱 방지조치결과를 전산입력방식 등의 서면으로 점검하되, 필요하면 현장점검을 할 수 있다.

⑤ 법 제17조의2 제3항에 따라 여성부장관은 성희롱 방지조치가 부실하다고 인정되는 국가기관 등에 대하여 점검 후 6개월 이내에 관리자 특별교육을 실시하여야 한다.

⑥ 제1항부터 제5항까지에서 규정한 사항 외에 성희롱 방지를 위하여 필요한 사항은 여성부장관이 정하여 고시한다.

성폭력과 가정폭력 예방(제25조)

① 국가와 지방자치단체는 관계 법률로 정하는 바에 따라 성폭력범죄를 예방하고 피해자를 보호하여야 한다.

② 국가와 지방자치단체는 관계 법률로 정하는 바에 따라 가정에서 발생하는 폭력을 예방하고 피해자를 보호하여야 한다.

③ 국가와 지방자치단체는 관계 법률로 정하는 바에 따라 성폭력 피해자 및 가정폭력 피해자와 상담하고 가해자를 교정(矯正)하기 위하여 필요한 시책을 강구하여야 한다.

「남녀고용평등과 일 · 가정 양립 지원에 관한 법률」

성희롱의 정의(제2조 제2항)

•"직장 내 성희롱"이란 사업주 · 상급자 또는 근로자가 직장 내의 지위를 이용하거나 업무와 관련하여 다른 근로자에게 성적 언동 등으로 성적 굴욕감 또는 혐오감을 느끼게 하거

나 성적 언동 또는 그 밖의 요구 등에 따르지 아니하였다는 이유로 고용에서 불이익을 주는 것을 말한다.

직장 내 성희롱의 금지(제12조)

•사업주, 상급자 또는 근로자는 직장 내 성희롱을 하여서는 아니 된다.

직장 내 성희롱 예방교육(제13조)

•사업주는 직장 내 성희롱을 예방하고 근로자가 안전한 근로환경에서 일할 수 있는 여건을 조성하기 위하여 직장 내 성희롱의 예방을 위한 교육(이하 "성희롱 예방교육"이라 한다)을 실시하여야 한다.

•성희롱 예방교육의 내용 · 방법 및 횟수 등에 관하여 필요한 사항은 대통령령으로 정한다.

※ 파견근로자의 경우, 「파견근로자보호 등에 관한 법률」에 의하여 파견근로가 행해지는 사업장에서 성희롱 예방교육을 실시하여야 함

직장 내 성희롱 발생 시 조치(제14조)

•사업주는 직장 내 성희롱 발생이 확인된 경우 지체 없이 행위자에 대하여 징계나 그 밖에 이에 준하는 조치를 하여야 한다.

•사업주는 직장 내 성희롱과 관련하여 피해를 입은 근로자 또는 성희롱 피해 발생을 주장하는 근로자에게 해고나 그 밖의 불리한 조치를 하여서는 아니 된다.

고객 등에 의한 성희롱 방지(제14조의2)

- 사업주는 고객 등 업무와 밀접한 관련이 있는 자가 업무수행 과정에서 성적인 언동 등을 통하여 근로자에게 성적 굴욕감 또는 혐오감 등을 느끼게 하여 해당 근로자가 그로 인한 고충 해소를 요청할 경우 근무 장소 변경, 배치전환 등 가능한 조치를 취하도록 노력하여야 한다.
- 사업주는 근로자가 제1항에 따른 피해를 주장하거나 고객 등으로부터의 성적 요구 등에 불응한 것을 이유로 해고나 그 밖의 불이익한 조치를 하여서는 아니 된다.

「성폭력범죄의처벌 및 피해자보호 등에 관한 법률」

업무상 위력 등에 의한 추행(11조)

① 업무 · 고용 기타 관계로 인하여 자기의 보호 또는 감독을 받는 사람에 대하여 위계 또는 위력으로써 추행한 자는 2년 이하의 징역 또는 500만 원 이하의 벌금에 처한다.

② 법률에 의하여 구금된 사람을 감호하는 자가 그 사람을 추행한 때에는 3년 이하의 징역 또는 1,500만 원 이하의 벌금에 처한다.

③ 장애인의 보호 · 교육 등을 목적으로 하는 시설의 장 또는 종사자가 보호 · 감독의 대상이 되는 장애인에 대하여 위계 또는 위력으로써 간음한 때에는 7년 이하의 징역에 처하고, 추행한 때에는 5년 이하의 징역 또는 3천만 원 이하의 벌금에 처한다.

「형 법」

업무상 위력 등에 의한 간음(제32장 제303조)

① 업무, 고용 기타 관계로 인하여 자기의 보호 또는 감독을 받는 부녀에 대하여 위계 또는 위력으로써 간음한 자는 5년 이하의 징역 또는 1,500만 원 이하의 벌금에 처한다.

② 법률에 의하여 구금된 부녀를 감호하는 자가 그 부녀를 간음한 때에는 7년 이하의 징역에 처한다.

「국가인권위원회법」

성희롱 정의(제2조 제5항)

• "성희롱"이라 함은 업무, 고용 그 밖의 관계에서 공공기관의 종사자, 사용자 또는 근로자가 그 직위를 이용하거나 업무 등과 관련하여 성적 언동 등으로 성적 굴욕감 또는 혐오감을 느끼게 하거나 성적 언동 그 밖의 요구 등에 대한 불응을 이유로 고용상의 불이익을 주는 것을 말한다.

인권침해 및 차별행위의 조사와 구제

위원회의 조사대상(제30조)

① 다음 각 호의 어느 하나에 해당하는 경우에 인권침해나 차별행위를 당한 사람(이하 "피해자"라 한다) 또는 그 사실을 알고 있는 사람이나 단체는 위원회에 그 내용을 진정할 수

있다.

1. 국가기관, 지방자치단체 또는 구금 · 보호시설의 업무수행(국회의 입법 및 법원 · 「헌법」재판소의 재판을 제외한다)과 관련하여 「헌법」 제10조 내지 제22조에 보장된 인권을 침해당하거나 차별행위를 당한 경우
2. 법인, 단체 또는 사인(私人)에 의하여 차별행위를 당한 경우

② 삭제〈2005.7.29〉

③ 위원회는 제1항의 진정이 없는 경우에도 인권침해나 차별행위가 있다고 믿을 만한 상당한 근거가 있고 그 내용이 중대하다고 인정할 때에는 이를 직권으로 조사할 수 있다.

④ 제1항의 규정에 의한 진정의 절차와 방법에 관하여 필요한 사항은 위원회의 규칙으로 정한다.

2. 성희롱 · 성폭력 상담의 특징과 유의점

성희롱 · 성폭력 상담의 특징은 이 문제의 성격에서 유래한다. 일반적으로 자연 현상과는 달리 사회문화적 현상에 관한 인식은 개인과 사회문화적 차이에 따라 인식상의 괴리가 어느 정도 생기게 마련이다. 이 책의 주제인 성희롱 · 성폭력 역시 사회현상이기 때문에 개인과 사회문화에 따른 인식 차가 생기는 것은 어쩔 수 없다. 그러나 성희롱 · 성폭력에 관한 구

성원들 사이의 인식 차이는 사회의 다른 현상에 비해 더욱 큰 차이가 나타나는 특징을 가진다. 왜냐하면 성희롱 · 성폭력은 매우 유동적이고 광범위한 형태들을 내포하며, 그 현상이 발생한 상황적, 문화적 맥락과 행위자와 피해자 간의 개인적 배경뿐만 아니라 심리적 요소까지도 인식 형성 여부에 영향을 미치기 때문이다. 따라서 당연히 이 문제에 관한 구성원들의 인식에는 괴리가 존재한다(윤영민, 2002; 이미정, 2002). 어떤 특정 행위나 언어가 성희롱 · 성폭력에 해당하는지의 여부는 행위자의 의도나 기타 객관적인 요건으로 구성되는 것이 아니라, 수용자의 주관성이 크게 작용하는 특징이 있다. 예를 들면, 특정 행위가 성희롱에 해당하는지의 여부는 여러 가지 객관적인 구성 요소를 필요로 하지만, 가장 근본적인 기준은 '피해자가 원하지 않는 행위'라는 점이다. 이러한 특징에서 알 수 있듯이, 성희롱은 객관적 요건에 따라 성립되는 것이 아니라, 피해자의 주관적 심리에 따라 개념이 성립한다. '원하는지'의 여부는 피해자의 주관성에 따라 결정되기 때문이다. 이러한 이유로 성희롱은 사람마다 인식하는 형태가 다를 수 있고, 같은 행위일지라도 행위자가 누구인가에 따라 수용자의 느낌이 다를 수 있다(김양희, 1995; Frazier, Cochran, & Olson, 1995).

성희롱에 관한 인식의 경우, 동일한 행위에 대해 가해자와 피해자 그리고 제3자 사이에 인식의 격차가 매우 클 수 있다(진정희, 2003; Thacker & Gohmann, 1993). 특히 성희롱이 성(性)

에 관한 현상이기 때문에 이러한 인식의 차이는 주로 남자와 여자가 서로 다른 관점을 가져서 여러 가지 성적 형태들에 대해 서로 다르게 평가하는 경우가 대부분이다. 일반적으로 남자보다는 여자가 성희롱의 인식 범주를 더 포괄적이고 광범위하며 자유롭게 인식하는 것으로 알려져 있다(하혜숙, 2007a; Gutek, Morasch, & O'Conner, 1995). 물론 성희롱에 관한 인식의 차이는 동일한 성 사이에도 존재할 수 있다. 예를 들면, 여성 사이에서도 개인의 성개방 성향, 성희롱 경험, 성희롱 행사자의 신분, 직장의 성 만연화 풍토, 직무 특성 등에 따라서 성희롱에 관한 인식의 차이가 발생할 수 있다(임창희, 홍용기, 1996). 따라서 성희롱 상담의 특징 가운데 가장 뚜렷한 점은 이 문제가 내담자의 주관성에 크게 의존한다는 점, 즉 사람에 따라 성희롱으로 취급될 수 있는 형태가 매우 다양하다는 점이다. 성희롱의 이런 주관적인 성격은 이 문제에 관한 상담을 어렵게 하는 주요인으로 작용하므로, 자연히 성희롱 상담의 목적이나 관점은 다른 문제에 관한 상담과 달리 할 필요가 있다.

성희롱에 대한 일반인의 인식은 법령상의 성희롱의 정의와 차이가 있으며, 이에 관한 연구도 아직 미비하다. 일반인의 성희롱 개념에 대한 인식을 조사한 Frazier, Cochran 및 Olson (1995)에 따르면, 일반인들의 성희롱 개념은 법적 개념보다 훨씬 범주가 넓으며, 성희롱의 정의에서 가해자의 사회적 지위가 영향을 미치고, 개념의 정의에 성 차이가 존재하는 것으로 나타났다. Powell(1983)과 Vance와 Wendt(2000)의 연구에서는 직장 내 구성원들의 성희롱 개념에 대한 연구에서 성희롱을 경험한 여성들이 훨씬 광범위한 정의를 채택하며, 심각성의 인식 수준이 높다는 결과가 나타났다. 그리고 Crocker(1983)와 Cochran과 Frazier(1992)는 대학생의 성희롱 개념에 대한 인식 조사에서 여학생의 인식 범위가 남학생보다 광범위함을 밝혔다. 한편, Blishak(1993)은 일반인이 인식하는 성희롱의 형태를 크게 a) 성희롱형(완벽한 성희롱에 해당되는 형태, 즉 성뇌물, 신체적인 성적 구애, 성적인 접촉 등), b) 비(非)성희롱형(성희롱의 범주에 포함되지 않아서 성희롱으로 볼 수 없는 형태, 즉 찬사, 농담조의 데이트 신청, 응시, 농담, 치근거림, 특정인을 대상으로 하지 않은 음담패설 등), c) 모호형(성희롱형과 비성희롱형의 중간 지대에서 어느 쪽으로든 해석될 수 있는 모호한 형태, 즉 성차별적 언급, 부당한 배려 등), d) 의제전환형(agenda shifts: 직업상의 상호작용이 이후에 성적인 상호작용으로 전환되는 것) 등으로 분류하였다.

이와 같이 성희롱은 성별, 수용자에 따라 인식의 범위와 폭이 유동적이다. 즉, 특정 언행이 성희롱과 비성희롱의 중간 지대에서 어느 쪽으로도 해석될 수 있는 모호한 형태가 일상생활에서 많이 존재한다. 이들은 상황이나 행위자에 따라 성희롱을 구성할 수도 있고 그렇지 않을 수도 있는 것들이다. 다시 말하면, 명백한 성희롱 행위와 비성희롱 행위 사이에는 성적 접근(sexual advance)이나 성적 호의(sexual favors)를 의도하지 않았더라도 성희롱을 구성할 수 있는 언행들이 존재한다(Blishak, 1993; Mueller, 1997). 따라서 성희롱에는 지각자의 개인적 특성과 상황 맥락, 즉 사건의 특성 등에 따라 개념이나 범주에 대한 공통 인식이 존재하지 않는 영역이 발생한다. 바로 이런 점이 성희롱 상담의 특징이며, 상담 개입을 통하여 해소해야 할 문제의 본질이기도 하다(하혜숙, 2007b).

성희롱의 경우 당사자 간의 공통 인식이 존재하지 않는 모호한 영역이 광범위하게 형성되는 이유는 성희롱이 갖는 여러 가지 특징에서 기인한다. 첫째, 성희롱에 대한 인지과정을 조사한 대다수 연구들은 남녀 간의 성차가 크다는 것을 보여준다. Gutek, Morash 및 Cohen(1983)의 연구에 따르면, 가해자의 성(性), 가해자의 지위(상사, 동료, 부하 직원) 및 행동(성적으로 유혹하는 접촉, 성적 시선 등)을 체계적으로 변화시킨 상황에서 남녀의 인식의 차이를 비교한 결과, 남성보다 여성이 성적 유혹과 시선을 공격적으로 간주할 확률이 훨씬 높은 것으로 나타났다. 둘째, 성희롱 현상이 과거에는 존재하지 않던 새로운 현상이라기보다는 현대 사회에 들어와 여성의 사회활동이 확대되고 남녀평등의 문화가 보편화되면서 새롭게 인식되기 시작한 사회적 현상이다(Friedman, Boumil, & Taylor, 1992). 다시 말하면, 성희롱은 그 개념이 객관적으로 정립된 현상이 아니라 사회문화의 발달과 가치관의 변화에 따라 계속 진화하고 발생 중인 현상이라고 할 수 있다. 따라서 성희롱에 관한 사회 구성원들의 인식이 사회문화와 가치관의 변화 속도를 반영하여 형성되는 것은 아니므로 공통 인식의 부재 현상, 즉 모호 영역이 폭넓게 형성된다. 셋째, 성희롱이라는 용어가 주는 애매함이다. 현재 우리나라에서 사용되는 '성희롱'은 영어의 sexual harassment를 번역한 용어인데, 이 말 속에는 '괴롭히다'라는 개념 요소를 본질적으로 내포하고 있다. 그런데 우리 사회에서 '희롱'이라는 말은 역사적으로나 문화적으로 강력한 범죄 행위나 상대방을 의식적으로 괴롭힌다는 의미를 내포하는 것이 아니라, 일상생활에서 경우에 따라 용인될 수 있는 정도가 약한 장난 정도의 의미로 사용되어 왔다. 이러한 의미로 사용되어 온 문화적, 역사적 맥락 때문에 아직도 성희롱은 강간이나 강제추행처럼 피해 정도가 심하여 법적 제재를 받을 수 있는 성적 범죄 행위가 아님은 물론 도덕적으로도 크게 비난받을 정도도 아닌, 다만 불쾌하고 기분 나쁜 정도의 성적 농담이나 장난 정도로 인식되는 경향이 있다. 이러한 성희롱 용어의 애매함이 구성원들 사이의 광범위한 개념 인식의 괴리, 즉 모호 영역을 형성하는 요인으로 작용한다.

지금까지 살펴본 것처럼 성희롱 현상과 개념의 이러한 특징 때문에 성희롱 상담의 경우 당사자 사이에 문제에 관한 공통 인식의 부재, 즉 성희롱 인식의 모호 영역(gray area)이 폭넓게 형성되는 특징이 발생한다. 성희롱에서 광범위하게 형성되는 모호 영역은 현실적으로 성희롱이 발생하는 원인이면서, 동시에 특정 현상이 성희롱에 해당하는지의 여부, 가해자의 책임 크기 판단이나 처벌 유형, 대처방안의 판단을 어렵게 하는 주요한 요인으로 작용한다.

따라서 대학이나 직장에 가해자의 성적 가해 의도와 상관없이 성희롱을 구성하는 언행들이 광범위하게 존재할 수 있으며, 이는 성희롱 문제의 상담을 어렵게 하는 측면이기도 하다.

2 성희롱·성폭력의 이해

1. 성희롱 판단과 대처방안

성희롱 · 성폭력 문제 상담에서 가장 어려운 점은 성희롱 여부의 판단이다. 동일한 사건에 대해 피해자와 가해자의 진술이 다르고 서로의 주장이 확연하게 다르기 때문에 상담자는 당황하게 된다. 대개의 경우, 양측이 상반되는 주장으로 다투다가 상담소에 성희롱 여부에 대한 판결을 요청하기도 한다. 또한 동일한 가해 행위에 대해 피해자가 대처하는 방식이 각기 다르게 나타나기도 한다. 예를 들면, 같은 가해 행위일지라도 교수나 상급자에 의한 가해가 발생했을 경우 더 큰 처벌을 요구하기도 한다. 필자는 상담 실무를 하면서 왜 이런 현상이 발생하는지, 그 이유는 무엇이고 해결방안은 무엇인지 고민하게 되었다. 이러한 궁금증을 풀기 위해 필자가 진행한 논문의 내용을 간단히 소개하고자 한다.

필자의 관심은 남녀 대학생의 성희롱 판단이 어떻게 달리 형성되는지, 그리고 여러 가지 사건 특성들 중 이러한 차이를 발생시키는 주요 영향 요인이 무엇인지를 밝힌 다음, 이러한 분석 결과가 효과적인 성희롱 상담을 위해 어떠한 점을 시사하는지를 알아보고자 하는 것이다. 즉, 대학생이 어떠한 사건을 성희롱이라고 인식하고 판단할 때, 그러한 인식의 과정에 관계유형이 가장 큰 영향을 미치는지, 아니면 행위유형이나 반복성이 더 큰 영향을 미치는지에 대해 알아보고자 하였다. 이 연구에서 성희롱 판단은 각각의 사례에 대해 성희롱에 해당한다고 판단하는가의 여부와 성희롱 행위자의 책임이 얼마나 크다고 생각하는가의 두 가지 측면에서 측정하였다. 이러한 남녀 대학생의 성희롱 판단은 관계유형, 행위유형, 반복성 등 사건의 특성이 서로 다른 12개 유형의 사례를 제시하여 응답자가 성희롱에 대해 판단하도록 하여 측정하였다. 남녀 대학생의 성희롱 판단에 대한 분석 결과를 논의하고, 이를 바탕으로 효과적인 성희롱 상담방안에 대한 시사점을 논의하고자 하였다.

성희롱 판단 및 대처방안 연구에 사용된 12가지 사례

사례 내용의 대표성 확보를 위하여, 관계유형, 행위유형, 반복성의 세 가지 측면을 고려하였다. 첫째, 관계의 측면에서 대학 내의 전형적인 인간관계인 (학과나 동아리) 친구 사이, (학과나 동아리) 선후배 사이, 교수와 학생 사이로 설정하였다.

둘째, 행위유형의 측면을 고려하였다. 성희롱의 유형은 일반적으로 시각적 성희롱, 언어적 성희롱, 신체적 성희롱으로 구분되는데, 일반적인 분류 형태에서 가장 대표적인 언어형 성희롱 행위와 신체형 성희롱 행위의 두 가지로 구분하였다. 셋째, 성희롱의 영향력과 심각성은 피해 지속 기간, 가해자의 의도성 등 사건의 반복과 연관되는데, 이러한 맥락을 포괄하기 위하여 성희롱 행위의 반복성 여부를 일회적인 것과 반복적인 것으로 구분하여 제시하였다.

- 사례 1: 친구 사이의 일회적 언어형 성희롱
- 사례 2: 선후배 사이의 일회적 언어형 성희롱
- 사례 3: 교수와 학생 사이의 일회적 언어형 성희롱
- 사례 4: 친구 사이의 반복적 언어형 성희롱
- 사례 5: 선후배 사이의 반복적 언어형 성희롱
- 사례 6: 교수와 학생 사이의 반복적 언어형 성희롱
- 사례 7: 친구 사이의 일회적 신체형 성희롱
- 사례 8: 선후배 사이의 일회적 신체형 성희롱
- 사례 9: 교수와 학생 사이의 일회적 신체형 성희롱
- 사례 10: 친구 사이의 반복적 신체형 성희롱
- 사례 11: 선후배 사이의 반복적 신체형 성희롱
- 사례 12: 교수와 학생 사이의 반복적 신체형 성희롱

1) 남녀 대학생의 성희롱 판단

성희롱 사례에 대한 분석 결과에 따르면, 우리나라 대학생

의 성희롱 판단은 남학생과 여학생 모두 언어형 성희롱보다 신체형 성희롱을 더 높게 평가하는 것으로 나타났는데, 구체적 순위를 보면, 교수의 반복적 신체형 성희롱, 선배의 반복적 신체형 성희롱, 친구의 반복적 신체형 성희롱, 교수의 일회적 신체형 성희롱 사례 등의 순으로 높게 평가하는 것으로 나타났다. 그리고 모든 사례에서 남학생과 여학생의 성희롱 판단에 대한 차이가 뚜렷하였으며, 여학생이 남학생에 비하여 성희롱으로 판단하는 경향이 크게 나타났다. 그런데 사례별 분석에서 발견된 결과 중 주목할 만한 점은, 남녀 모두 성희롱에 해당한다고 생각함으로써 성별의 차이에 상관없이 판단이 일치되는 사례가 있는가 하면, 성별의 차이에 따라 성희롱에 대한 판단이 전혀 달리 형성되는 사례가 있다는 것이다. 즉, 친구의 일회적 언어형 성희롱에 대해서는 남녀 대학생 모두 성희롱에 해당하지 않는다고 판단했으며, 교수의 반복적 신체형 성희롱에 대해서는 남녀 대학생 모두 명백히 성희롱에 해당한다고 판단하였다. 반면에 주로 언어형 성희롱 사례들에서는 성별에 따른 판단의 차이가 특히 크게 형성되어 있음을 알 수 있었다. 이러한 결과를 종합해 보면, 언어형 성희롱의 경우 남학생은 주로 성희롱이 아니라고 판단하지만 여학생은 성희롱에 해당한다고 판단함으로써 인식상의 질적인 차이, 즉 성희롱 인식의 모호 영역이 뚜렷하고 폭넓게 형성되어 있었다. 반면에 신체형 성희롱의 경우 남학생과 여학생 모두 주로 성희롱에 해당한다고 판단함으로써 통계적인 수준에서 정도의 차이는 있지만 인식상에서의 질적인 차이는 크지 않음을 알 수 있었다. 이러한 결과를 통해, 여학생이 남학생에 비해 성희롱을 더 강하게 폭넓게 인식하고 있다는 것을 알 수 있으며, 이는 성희롱 현상의 특징인 개념 형성의 모호 영역(gray area)이 주로 언어형 성희롱 사례에서 형성되고 있다는 점을 뜻한다고 할 수 있다. 다시 말하면, 언어형 성희롱 사건에서 남학생은 성희롱이 아니라고 생각하더라도 여학생은 그 말이 성희롱에 해당한다고 판단함으로써 성별 차이에 따른 괴리가 발생할 수 있다는 것이다. 이처럼 성별에 따라 성희롱 판단이 달리 형성됨으로써 인식상의 모호 영역이 발생할 수 있음을 이해하는 것은 대학 내 성희롱 관련 문제를 예방하고, 이미 발생한 성희롱 문제를 해결해 나가는 데 무엇보다 중요하다고 할 수 있다. 또한 이러한 남녀 대학생의 성희롱 판단에서 나타나는 성별 차이에 따른 불일치는 대학 내 성희롱 문제를 해결하고 예방하는 상담의 역할과 필요성을 뒷받침하는 근거다.

2) 성희롱 판단의 모호 영역 발생 원인

이처럼 남녀 대학생의 성희롱 판단이 사례별로 달리 형성되는 이유는 무엇인가? 성희롱 판단에서 나타나는 이러한 남녀의 차이가 성희롱을 구성하는 사건 특성들 중 어떠한 요인의 영향에 따른 것인지를 분석하였는데, 남학생의 성희롱 판단은 관계유형이 5.5%, 행위유형이 76.6%, 반복성이 약 18%의 영향을 주고 있는 것으로 나타났다. 반면에 여학생이 성희롱을 판단하는 과정에 관여하는 사건 특성들의 영향력은 남학생들과는 달리 관계유형이 약 23%, 행위유형은 약 30%, 반복성은 46% 정도 영향을 주고 있는 것으로 나타났다.

이러한 분석 결과는 성희롱 판단에서 남학생과 여학생의 인식 불일치가 형성되는 원인을 잘 보여 주고 있다. 먼저 남학생은 성희롱을 판단할 때 주로 행위유형을 중심으로 판단하는 반면, 여학생은 반복성 여부를 가장 크게 고려한다는 것을 알 수 있다. 다시 말하면, 성희롱 사건에 대해 성희롱에 해당하는지의 여부를 판단하고 가해자의 책임 크기를 판단할 때, 남학생의 판단은 성희롱 행위유형이 언어적인 것인가, 신체적인 것인가의 여부에 따라 가장 큰 영향을 받는 반면, 여학생의 판단은 그러한 가해 행위가 일회적인 것인가, 반복적인 것인가의 여부에 따라 가장 큰 영향을 받는다는 점이다. 다음으로 남학생의 판단은 가해자와의 관계유형으로부터 영향을 거의 받지 않는 반면, 여학생의 판단은 남학생에 비해 상대적으로 관계유형의 영향을 더 많이 받는다는 것을 알 수 있다. 이러한 점은 남녀 대학생의 성희롱에 대한 인식이 달리 형성되는 원인을 설명해 주는 결과라고 할 수 있다.

지금까지 살펴본 이러한 결과는 성희롱 사건에서 남녀의 인식 차이가 발생하는 이유를 설명해 주며, 비교적 가벼운 형태의 성희롱은 여자가 남자에 비해 그 행위를 성희롱으로 판단할 가능성이 더 높다는 기존 연구 결과들(Fitzgerld & Ormerod, 1991; Workman & Johnson, 1991)과 일치하는 것이다. 이러한 결과들은 남자와 여자가 특정 행동을 성희롱으로 인식하는 데 각기 다른 역치(threshold)를 가지고 있기 때문에 남자에게는 우호적이고 장난기 섞인 것으로 여겨지는 행동이 여자에게는 성희롱으로 지각될 수 있음을 나타낸다(Rossi & Weber－Burden, 1993)는 것을 반영한다. 심각한 성희롱 행동의 경우는 발생빈도도 적고 남녀 모두 사건 자체의 심각성을 인식하지만, 가벼운 형태의 성희롱에 대해서는 성별에 따라 인식의 정도가 달리 형성되어 상대방의 행동을 잘못 해석할 수도 있다는 것을 알 수 있다.

이와 같은 내용을 종합하면 다음과 같은 사실을 알 수 있다. 언어형 성희롱 사례의 경우, 남학생은 주로 성희롱이 아니라고 판단하는 반면, 여학생은 성희롱에 해당한다고 판단함으로써 인식상의 차이, 즉 모호 영역이 폭넓게 형성되어 있다. 반면에 신체형 성희롱 사례에 대해서는 남학생과 여학생 모두 성희롱에 해당한다고 판단함으로써 통계적인 수준에서 정도의 차이는 있지만 인식의 질적인 측면에서는 일치하고 있다. 이러한 결과를 통해 여학생이 남학생에 비해 성희롱을 더 폭넓게 인식하고 있다는 것을 알 수 있으며, 성희롱 현상의 특징인 성희롱 인식의 모호 영역이 주로 언어형 성희롱 사례에서 형성되고 있다는 점을 알 수 있다. 다시 말하면, 언어형 성희롱 사건에서 남학생은 성희롱이 아니라고 생각하더라도 여학생은 그 말이 성희롱에 해당한다고 판단함으로써 성희롱 판단에서 성별에 따른 인식의 괴리가 발생할 수 있다는 것이다. 이 연구는 기존 연구 결과들과 일치할 뿐만 아니라 이러한 성희롱 판단에서 남녀 차이가 구체적으로 언어형 성희롱 사례들에서 더욱 크게 발생한다는 것을 경험적으로 증명하였다. 또한 이 연구 결과는 대학 내에서 성희롱 사건을 담당하는 상담자나 예방교육을 실시하는 실무자가 상담 및 교육을 실시할 때, 특히 언어형 성희롱 사례에서 성별에 따른 인식의 차이가 발생한다는 것을 인지하고 상담과 교육을 실시함으로써 관련 실무의 효율성을 확보할 수 있다는 점을 말해 주고 있다.

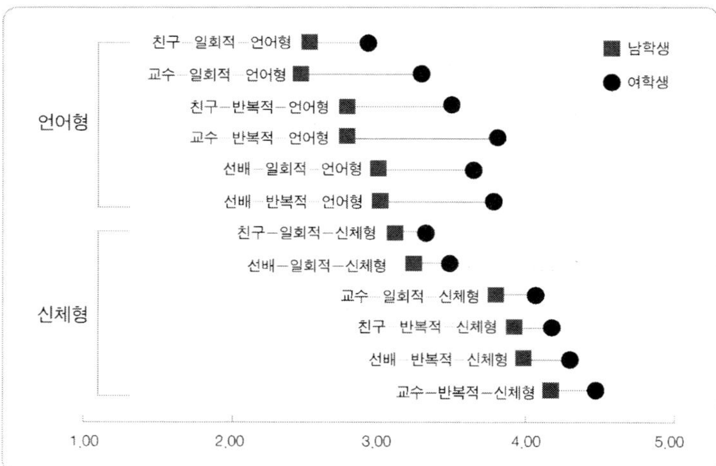

[그림 2-1] 성희롱 판단의 행위유형별 남녀 차이

3) 상담방안에 대한 논의

일반적으로 성희롱 문제의 경우 상담 초기에 상담자가 다루어야 하는 내담자의 주요 호소문제는 성희롱 유무에 대한 판단이다. 많은 경우 가해자는 자신이 성희롱 가해자가 아니라고 주장하고, 피해자는 자신이 겪은 상황이 성희롱에 해당한다고 호소하기 때문에 상담자는 문제해결에 어려움을 겪게 된다. 성희롱 사건의 일반적인 양태인 이러한 현상은 가해자와 피해자의 사이의 인식의 괴리, 즉 성별에 따라 성희롱에 대한 인식이 달리 형성되기 때문에 발생한다.

본 연구의 분석 결과에 따르면, 성희롱을 판단하는 데 남자(주로 가해자)는 사건의 특성 중 행위유형을 중심으로 판단하고, 여자(주로 피해자)는 반복성을 가장 크게 고려하는 것으로 나타났다. 또한 남자는 여자가 중요한 판단 근거로 삼는 반복성이나 관계유형의 영향을 거의 받지 않는 반면, 여자는 남자의 판단을 좌우하는 행위유형에 대해 상대적으로 중요하게 고려하지 않는 것으로 나타났다. 성희롱에 대한 이러한 판단 근거의 남녀 차이는 성희롱 유무판단 상황에서 오류를 발생시킬 수 있다. 신호탐지론에 따르면, 일반적으로 신호탐지자는 상대적으로 자신에게 부담이 적은 쪽의 오류를 감수하는 판단을 내리는 경향이 있다. 따라서 성희롱의 경우, 남자는 주로 자신을 가해자와 동일시함으로써 처벌 오류의 부담을 크게 느끼고, 이에 따라 성희롱에 해당함에도 불구하고 성희롱에 해당하지 않는다고 판단할 가능성이 높다. 마찬가지로 여자는 자신을 피해자와 동일시함으로써 무처벌 오류의 부담을 크게 느끼고, 이에 따라 성희롱에 해당하지 않음에도 불구하고 성희롱에 해당한다고 판단할 가능성이 높다. 이와 같은 성희롱 인식의 남녀 차이, 즉 가해자와 피해자의 입장 차이로부터 발생하는 모호 영역의 문제를 이해하지 못할 경우, 가해자는 자신의 잘못이 무엇인지 모르거나 또는 성희롱 가해 사실에 대해 지적하더라도 가해 의도가 없었음을 주장하며 자신의 잘못을 인정하지 못하는 경우가 많다. 이는 피해자인 상대 여성이 성희롱을 인식할 때 어떠한 요소를 중점적으로 고려하는지에 대해 알지 못하고 또한 성희롱 판단 상황에서 범할 수 있는 오류에 대해 알지 못하기 때문이다. 더욱이 일반적으로 대학 내에서 발생하는 성희롱 상담 사례의 경우, 피해자와 가해자가 친구나 선후배 등 평소 알고 있고 때로는 친한 관계인 경우가 많기 때문에, 친밀도에 따라서 언어적 · 비언어적 성적 접촉이 수용되는 정도를 명확하게 정의하기 어려운 경우가 많다. 이러한 대학 내 상황에서는 가해자가 이성의 행동이 저항이라는 것을 인지하지 못할 뿐만 아니라 자신의 행위를 성희롱으로 인식하지 못할 가능성이 더욱 크다.

따라서 대학 내 성희롱의 경우, 상담자는 가해자의 도덕성을 문제 삼기에 앞서 내담자(가해자 또는 피해자)에게 성희롱 판단에서 남녀의 인식이 어떻게 다른지, 왜 그러한 차이가 발생하는지, 또한 자신이 성희롱 유무를 판단하는 상황에서 범할 수 있는 오류에 대해 정보를 제공하는 것이 중요하다. 왜냐하면 내담자가 상대방의 입장에 대한 이해의 정도를 높일 수 있도록 도와주지 않고 성희롱에 대한 가해자의 도덕성을 문제 삼고 일방의 책임으로 전가할 경우, 문제가 해결되기보다는 오히려 가해자의 반발 및 보복 심리에 따른 2차 가해의 위험이 증가할 가능성이 있기 때문이다.

또한 성희롱 상담자는 가해자와 피해자의 인식 차이에서 발생하는 문제를 남녀의 의사소통 방식의 차이로부터 야기되는 갈등의 관점에서 이해할 수도 있다. 본 연구의 결과, 성희롱의 판단에서 여학생은 당사자 사이의 관계유형과 행위의 반복성 여부, 그리고 구체적 행위유형을 폭넓게 고려하는 반면, 남학생은 행위유형의 한 가지 요소로 결정하는 경향이 있는 것으로 나타났다. 이는 남자와 여자의 생활 맥락의 차이가 그들의 감각 차이를 가져왔다는 진화심리학의 견해와 유사하게, 성희롱의 경우 남녀 간의 생활 맥락의 차이에 따라 여자는 남자에 비해 더욱 다양한 정보를 사용하여 판단하며, 그에 따라 의사소통 장애가 발생할 수 있다는 점을 말해 주고 있다.

본 연구 결과를 통해 알 수 있듯이, 남학생과 여학생은 각각 성희롱의 상이한 특성들에 기초하여 판단함으로써 성희롱 장면에서 상황 정보가 공유되지 못할 가능성이 매우 높고, 이에 따라 의사소통에 장애가 발생할 가능성이 크다. 인간의 의사소통은 주로 언어의 사용으로 이루어진다. 글로 쓰인 문어와는 달리 구어는 상호 간의 즉흥적 행위로부터 영향을 많이 받고, 풍부한 상황 정보를 지니고 있으며, 중요한 비언어적 행위를 수반하는 독특한 특징을 지니고 있다. 따라서 두 사람의 의사소통이 원만히 이루어지기 위해서는 상호 간에 언어체계가 공유되는 것이 필요하다(Argyle, 1992). 원활한 의사소통을 위해 필요한 공유된 언어체계는 상대방과 자신의 공통된 경험을 바탕으로 할 때 원만하게 형성된다고 할 수 있다. 따라서 남녀 차이에 따른 성희롱 인식의 문제에서 의사소통의 장애에 따른 갈등 발생을 줄이려면 상대방의 관점과 입장에 맞추어서 자신의 이야기 범위와 어휘의 사용을 조정하는 노력이 필요하다(Condon, 1979).

따라서 성희롱 문제 상담자는 내담자로 하여금 상대방이 성희롱을 판단할 때 어떠한 요소를 중요하게 여기는지에 대해 고려하고, 또한 의사소통의 장애를 줄이기 위해 적어도 성희롱 문제 영역에서는 일시적으로라도 상대방의 의사소통 방식을 채택하도록 함으로써 당면한 문제를 현실적으로 해결할 수 있도록 안내해야 한다. 즉, 정보를 전달할 때 효과성을 증대시키기 위해 상대방의 의사소통 방식을 채택함으로써 갈등을 줄이는 성융통성(gender-flex)을 발휘하도록 교육함으로써 내담자를 도울 수 있다. 이러한 상담 과정을 통해, 상담자는 가해자와 피해자가 서로 상대방의 관점을 받아들여 상대방의 입장에서 상황을 바라볼 수 있도록 도와주어야 한다. 이는 Piaget가 탈중심화(decentering)를 통해 타인에 대한 관점을 수용할 수 있음을 강조한 것처럼, 가해자는 피해자의 입장에서 그러한 행위를 왜 성희롱으로 인식하는지를 이해하려고 노력하고, 피해자는 가해자가 상황에 대해 어떠한 관점을 지니고 있는지를 살펴봄으로써 양 당사자 사이에 발생한 성희롱 인식 차이를 이해하도록 내담자를 도울 수 있다.

4) 남녀 대학생의 성희롱 대처방안과 상담방안

두 번째 연구 문제는 남녀 대학생의 성희롱 대처방안이 어떻게 달리 형성되는지, 그리고 사건 특성들 중 이러한 차이를 발생시키는 주 영향 요인이 무엇인지를 밝힌 다음, 이러한 분석 결과가 효과적인 성희롱 상담을 위해 어떠한 점들을 시사하는지를 알아보고자 하는 것이었다. 즉, 성희롱에 대한 대처방안을 선택할 때 관계유형이 가장 큰 영향을 미치는지, 아니면 반복성 여부나 행위유형이 더 큰 영향을 미치는지에 대해 알아보고자 하였다. 연구에서는 성희롱 대처방안을 크게 상담의향, 대응수준, 처벌강도로 구분하여 살펴보았다. 이와 같은 남녀 대학생의 성희롱 대처방안을 관계유형, 행위유형, 반복성 등 사건의 특성이 서로 다른 12개 유형의 사례를 제시하여 응답자의 성희롱에 대한 대처방안을 측정하였다. 남녀 대학생의 성희롱 대처방안에 대한 분석 결과를 논의하고, 이를 바탕으로 효과적인 성희롱 상담방안에 대한 시사점을 논의하고자 하였다.

(1) 남녀 대학생의 성희롱 상담의향

성희롱 문제에 대해 교내 (성희롱 · 성폭력) 상담소의 상담이나 도움을 받을 의향이 있는지에 대한 사례별 분석 결과를 살펴보면, 남학생의 성희롱 문제에 대한 상담의향은 교수의 반복적 신체형 성희롱, 교수의 일회적 신체형 성희롱, 선배의 반복적 신체형 성희롱, 친구의 반복적 신체형 성희롱의 순으로 나타났으며, 여학생은 교수의 반복적 신체형 성희롱, 선배의 반복적 신체형 성희롱, 교수의 일회적 신체형 성희롱, 친구의 반복적 신체형 성희롱 사례의 순으로 상담의향이 큰 것으로 나타났다. 남녀 모두 언어형 사례에 대해서는 상담의향이 낮고, 신체형 사례에 대해서는 언어형 사례에 비해 상담의향이 높은 것으로 나타났다. 이는 앞서 살펴본 성희롱 판단에서 성별에 따라 광범위하게 불일치가 형성된 것과는 달리 성희롱 문제에 대한 상담의향에서는 남녀가 유사한 경향성을 지니고 있다고 해석할 수 있다. 즉, 남녀 모두 언어형 성희롱보다는 신체형 성희롱 문제에 대해 상담할 가능성이 더 많다고 볼 수 있다.

그런데 한 가지 주목할 것은, 거의 모든 언어형 성희롱 사례의 경우 여학생이 남학생에 비해 상담의향이 통계적으로 유의미한 수준에서 높게 나타난 반면, 거의 모든 신체형 성희롱 사례들에서 여학생이 남학생에 비하여 상담의향이 통계적으로 유의미한 수준으로 낮게 나타났다는 점이다. 이러한 경향성은 남학생이 신체형 성희롱을 언어형 성희롱에 비해 피해가 크다고 생각하고 이를 참거나 개인적으로 해결하기보다는 상담소의 도움이나 중재가 필요하다고 생각하는 것에 비해, 여학생은 언어형 성희롱에 비해 신체형 성희롱을 경험할 경우 상담소에 상담을 의뢰할 의향이 상대적으로 낮은 것으로 해석해 볼 수 있다.

그렇다면 대학생들은 성희롱 사건의 대처방안으로 (성희롱·성폭력) 상담소의 도움을 받거나 상담을 신청할 의향이 있는지를 결정할 때 사건 특성들의 어떤 요소를 중요하게 여기는 것일까? 상담의향에서 나타나는 이러한 차이에 미치는 사건 특성의 영향력을 살펴보면, 관계유형의 영향력은 남학생 12.8%, 여학생 35.7%이며, 반복성의 영향력은 남학생 약 17%, 여학생 34%이며, 행위유형의 영향력은 남학생 약 70%, 여학생 약 30% 정도인 것으로 나타났다. 이러한 결과는 성희롱 문제에 대해 상담을 신청할 의향이 있는가와 관련하여 남학생과 여학생이 각기 다른 요소를 판단의 근거로 삼고 있음을 나타내는 것으로, 상담의향을 결정하는 데 성별의 차이가 나타나는 원인을 잘 보여 주고 있다. 즉, 남학생은 성희롱 문제에 대해 상담을 받을 것인가의 여부를 결정할 때 주로 행위유형을 중심으로 생각하는 반면, 여학생은 성희롱 가해자와 피해자의 관계유형, 가해 행위가 언어형인지 신체형인지, 그리고 가해자가 평소에 그러한 성희롱 행위를 얼마나 반복적으로 해 왔는지의 여부를 두루 고려하여 결정한다는 것을 말한다. 이러한 분석 결과는 성희롱에 관한 인식의 범위와 폭이 남학생에 비해 여학생이 넓고 다양하다는 점을 잘 나타낸다.

본 연구에서 발견된 결과를 바탕으로 고려할 수 있는 것은, 신체형 성희롱 사례에 대한 여학생의 상담의향이 낮다는 점이다. 성희롱에 대한 대처를 소극적인 대처와 적극적인 대처로 나누어 보았을 때, 해당 문제를 상담소에 의뢰하거나 도움을 청하는 것은 적극적인 대처방안으로 간주할 수 있을 것이다. 그런데 신체적 유형의 성희롱에서 여학생이 상대적으로 남학생보다 소극적으로 대처하는 이유는 피해자가 원하든 원치 않든 성희롱 사건이 다른 사람에게 공개될 수 있다고 생각함으로써, 상담기관에 공식적으로 문제를 제기하면 자신의 피해 사실이 드러나게 되어 수치심과 스트레스를 경험할지도 모른다는 우려를 피해자들이 은연중에 하기 때문인 것으로 해석할 수 있다(김정인, 2000; Gutek & Koss, 1993). 한편, 상담의향에서 여학생이 친구의 일회적 언어형 성희롱과 신체형 성희롱 사례에서 남학생보다 평균이 낮게 나타난 것에 대해, Jenson과 Gutek(1982)의 연구 결과를 통해 생각해 보면, 성희롱에 대한 책임이 자기에게 있다고 생각하는 '행동적 자기비난'을 가지는 피해자들은 그렇지 않은 피해자들보다 다른 사람과 성희롱 문제에 대해 의논하거나 제3자나 관련 단체에 보고할 가능성이 낮은 것으로 볼 수 있다. 다시 말해, 성희롱에 대한 책임이 자기에게 있다고 생각하는 피해자는 그렇지 않은 피해자들보다 성희롱 피해 경험 이후의 대응 행동이 소극적일 수 있다는 것인데, 이러한 경향성이 신체형 성희롱에서 두드러질 수 있다는 것이다. 이러한 결과는, 대학에 설치 · 운영되는 성희롱 · 성폭력 상담소가 상담의 비밀유지 및 피해자 보호 등에 대해 학생에게 교육하고 홍보할 필요성을 뒷받침하는 것이라고 할 수 있다. 또한 대학에서도 성희롱 관련 문제의 피해자 유발론이 상담을 신청하는 것에 장애가 될 수 있음을 인식하여, 실질적인 필요에도 불구하고 피해자들이 상담을 신청하지 못할 수도 있다는 점을 고려할 필요가 있다. 따라서 학내에 설치되어 있는 상담소에 사건을 신고하거나 상담을 하더라도 비밀이 철저하게 보장되며 피해자의 의사를 가장 존중한다는 점을 알릴 필요가 있다. 이러한 점을 해결하기 위해 캠페인이나 워크숍 등을 통해 홍보 및 교육을 하는 것도 하나의 대안이 될 수 있다.

(2) 남녀 대학생의 성희롱 대응수준

성희롱 문제에 대한 대응수준을 사례별로 분석하기 위하여 관계유형, 행위유형, 반복성을 서로 달리하는 12개의 성희롱 사례를 제시한 후, 이 사례 상황에서 문제를 어떻게 해결하고 대응할 것인가에 대해 선택지를 5가지로 범주화하여 제시하였다. 그 결과, 대부분의 사례에 걸쳐 남학생과 여학생의 대응수준에 차이가 나타났으나, 남학생과 여학생 모두 본인에게 사과를 요구하는 등 개인적으로 해결한다는 응답이 가장 많은 것으로 나타났다. 그리고 응답의 분포를 보면 주로 언어형 성희롱은 불쾌하지만 참고 넘어간다거나 본인에게 사과를 요구하는 등 개인적으로 해결한다는 응답에 주로 집중되어 있으며, 신체형 성희롱은 사과 요구 등 개인적으로 해결한다거나 상담기관(성희롱 · 성폭력 상담소)에 중재 또는 도움을 요청한다는 응답에 집중되어 있는 것으로 나타났다. 이러한 응답 경향을 성별로 나누어 보면, 문제를 비교적 심각하게 받아들이지 않는 것이라고 할 수 있는 개인적 · 소극적 대처에는 주로 남학생의 응답률이 높았으며, 상대적으로 문제를 심각하게 인식하는 태도에서 나오는 해결방안이라고 볼 수 있는 공식적 · 적극적 대처에는 여학생의 응답이 남학생에 비해 많은 것으로 나타났다. 이러한 연구 결과는 성희롱 문제의 대처 양식에서 남녀 간의 차이가 발생할 수 있다는 기존 연구 결과들을 지지하는 것이다(강현화, 고은영, 2001; 김정인, 최상진, 박정열, 2001; 박금주, 김두화, 김성현, 2005). 이 연구 결과를 좀 더 구체적으로 살펴보면, 성희롱 문제에 대한 대처방안에서 나타나는 남녀의 차이는 주로 언어형 사례에서 발견되는데, 다시 말해서 신체형 사례에 대해 남녀가 동일한 대응 방식을 고려하는 것에 비해 언어형 성희롱에 대해서는 여학생이 좀 더 적극적이고 강력한 대응을 고려함으로써 성별에 따른 대응수준의 차이가 발생하고 있음을 알 수 있다. 기존 연구들은 실태조사를 통해 남녀 간의 차이가 발생하는 것은 발견하였지만, 이러한 차이가 어떠한 요인 때문에 발생하는지, 즉 인식의 차이가 발생하는 원인에 대해서는 설명하지 못했다. 그러나 본 연구에서는 남녀 대학생이 성희롱 문제에 대응하는 수준이나 방식을 결정할 때 왜 상이한 방식으로 생각하는지를 살펴보기 위해 대학생의 성희롱 문제 대응수준에 미치는 사건 특성의 영향력을 분석해 보았다. 그 결과, 관계유형의 영향력은 남학생 33.4%, 여학생 73.4%이며, 행위유형은 남학생 50.0%, 여학생 5.8%의 영향을 미치고 있으며, 반복성은 남학생 16.6%, 여학생 20.8%의 영향을 미치고 있는 것으로 나타났다. 이러한 분석 결과는 성희롱 문제의 대응수준에 관해 남학생과 여학생 사이에 인식의 모호 영역이 형성되는 원인을 잘 보여 주고 있다. 즉, 남학생은 성희롱 문제에 대한 대응책을 생각할 때 주로 행위유형을 가장 크게 고려하는 반면, 여학생은 성희롱 가해자와 피해자의 관계유형을 가장 크게 고려하고, 남학생이 가장 중요하게 여기고 있는 구체적 행위유형은 오히려 거의 고려하지 않고 있음을 잘 보여 준다. 또한 여학생은 가해자가 평소에 그러한 성희롱 행위를 얼마나 반복적으로 지속해 왔는지를 남학생에 비해 상대적으로 많이 고려하고 있다는 점도 알 수 있다.

이러한 분석 결과는 기존 연구들의 한계를 보완해 주는 결과라고 할 수 있는데, 지금까지의 조사 연구들에서는 대처방안에서 성별 차이가 있다는 것은 밝혔지만, 이러한 남녀의 대처방안에 대한 차이가 어떠한 영역에서 발생하는지에 대해서는 설명하지 못하였다. 하지만 본 연구에서는 이러한 성별에 따른 대처방안의 차이가 성희롱 행위유형의 맥락에서 주로 언어형 성희롱 사례를 중심으로 발생하고 있음을 구체적으로 제시하고 있다. 이러한 결과는 대학 성희롱 상담의 실제에 함의를 제공해 줄 수 있다. 예를 들면, 언어형 성희롱에 대해 여학생이 그것을 문제시하고 적극적으로 또는 남학생은 강력하게 대응해야 한다고 생각하는 것에 비해, 불쾌하지만 그냥 참거나 개인적인 수준에서 해결하는 것이 좋다고 생각함으로써 불일치가 발생할 수 있다는 점을 상담자가 인식해야 한다. 그리고 이러한 성희롱 대응수준에서 발생하는 인식의 괴리를 교육과 상담을 통해 학생에게 이해시키는 것이 필요함을 알 수 있다.

(3) 남녀 대학생의 성희롱 처벌강도

성희롱을 구성하는 대표적인 내용 요소인 관계유형, 행위유형 및 반복성을 각각 달리하는 12개 유형의 성희롱 사례를 제시한 후, 이 사례 상황에서 행위자에게 어떠한 처벌이 적절하다고 생각하는지에 대한 질문을 한 다음, 이에 대해 5가지 유형으로 범주화한 선택지를 고르도록 하였다. 그 결과, 남학생과 여학생 모두 주로 언어형 성희롱은 처벌이 필요 없다는 응답과 사과를 요구한다는 응답, 그리고 사과와 가해자 교육 이수까지 요구하는 응답 사이에 집중적으로 분포되어 있었다. 그리고 신체형 성희롱의 경우 사과 요구와, 이에 더하여 가해자 교육 이수, 사과와 가해자 교육 이수에 심리적 피해 보상까지 요구하는 응답 사이에 분포되어 있는 것으로 나타났다. 이러한 응답 경향에서 나타난 남녀 차이를 살펴보면, 모든 사례에 걸쳐 남학생과 여학생의 성희롱 가해자에 대한 처벌강도에서 통계적으로 유의미한 차이가 있는 것으로 나타났는데, 처벌수준이 비교적 가벼운 응답에는 남학생이 여학생에 비해 뚜렷하게 많은 편이었으며, 상대적으로 처벌수준이 강하다고 볼 수 있는 응답에는 여학생이 많은 것으로 나타났다. 여기서도 한 가지 흥미로운 사실은 남학생과 여학생 모두 일반적으로 언어형보다 신체형 성희롱에 대해 더 강한 처벌을 해야 한다고 지각하는 경향이 있지만, 주로 언어형 성희롱 사례의 경우는 성별에 따른 차이가 뚜렷하게 드러나고 있다는 점이다. 남학생은 일반적으로 처벌이 필요 없거나 사과 정도만 하면 된다는 경향이 강한 반면, 여학생은 사과와 가해자 교육, 그리고 심리적 피해보상까지 요구하는 것을 알 수 있다. 이러한 남학생과 여학생의 대조적인 결과는 성 범죄자의 처벌수준을 지각할 때 여성의 경우 피해자와 자신을 동일시하는 효과에 따라 남성 판단자에 비하여 상대적으로 처벌수준을 크게 지각한다는 Carrollr과 Winer(1982)의 연구 결과와 유사하며, 또한 일반적으로 여자가 남자에 비해 성희롱을 더 폭넓고 강하게 인식한다는 기존 연구 결과들을 뒷받침하고 있다. 또한 성희롱 현상의 특징인 인식 형성의 모호 영역이 처벌강도에서도 언어형 성희롱을 중심으로 광범위하게 형성되고 있다는 점을 보여 준다.

기존 연구들은 실태조사를 통해 남녀 간의 처벌강도 지각에 차이가 있는 것은 발견하였지만, 이러한 차이가 어떠한 요인 때문에 발생하는지, 즉 처벌강도의 차이가 발생하는 원인에 대해서는 설명하지 못했다. 그러나 본 연구에서는 남녀 대학생이 성희롱 가해자의 처벌수준이나 방식을 결정할 때 왜 상이한 방식으로 생각하는지, 즉 인식의 차이가 발생하는 원인에 대해서는 살펴보기 위해 성희롱 가해자의 처벌에 영향을 미치는 사건 특성의 영향력을 분석해 보았다. 그 결과, 관계유형이 남학생 11.2%, 여학생 43.7%의 영향을 미치며, 행위유형은 남학생 67.9%, 여학생 16.4%의 영향을 미치고 있으며, 반복성은 남학생 20.9%, 여학생 39.9%의 영향을 미치는 것으로 나타났다. 즉, 남학생은 성희롱 가해자의 처벌강도에 대해 주로 행위유형을 중심으로 지각하는 반면, 여학생은 성희롱 가해자와 피해자의 관계유형을 가장 크게 고려하고, 또한 가해자가 평소에 그러한 성희롱 가해 행위를 얼마나 반복적으로 해 왔는지를 중요하게 고려하고 있는 것으로 파악할 수 있다.

다시 말하면, 성희롱 사건 가해자의 처벌강도를 선택할 때, 남학생의 경우 성희롱 행위유형이 언어적인 것인지, 신체적인 것인지의 여부에 가장 큰 영향을 받는 것이다. 성희롱 사건의 가해자와 피해자의 관계유형이 어떠한가, 또는 그러한 가해 행위가 일회적인 것인지, 반복적인 것인지의 여부보다 성희롱의 행위유형이 언어형인지, 신체형인지의 여부가 가장 중요하게 여겨진다는 것을 알 수 있었다. 이처럼 성희롱을 판단할 때 남학생이 주로 행위유형을 가장 크게 고려하는 반면에, 여학생은 관계유형을 가장 크게 고려하여 가해자와 피해자가 친구 사이인지, 선후배 사이인지, 교수 학생 사이인지를 가장 중요한 판단의 근거로 삼고 있다는 것이다. 그리고 남학생이 가장 중요한 판단의 근거로 삼고 있는 행위유형에 대해서 여학생은 거의 고려하지 않고 있음을 알 수 있다. 이러한 분석 결과는 성희롱 가해자에 대한 처벌강도에 관해 남학생과 여학생 사이에 인식이 달리 형성되는 원인을 설명해 줌으로써 성희롱 인식의 모호 영역이 처벌강도에서도 크게 형성되고 있음을 말해 준다. 이는 앞선 분석 결과에서 나타난 것처럼, 성희롱에 관한 개념 인식의 범위와 폭이 남학생에 비해 여학생이 넓고 다양한 것과 마찬가지로 성희롱 가해자에 대한 처벌에서도 동일한 경향성이 나타난다는 점을 잘 보여 주고 있다. 즉, 성희롱 사건 상담 시 동일 사건의 당사자인 가해자와 피해자가 해결의 방식을 고려하는 데 처벌의 수준과 방법을 전혀 달리 인식할 수 있다는 것이다. 예를 들면, 성희롱 사건 상담 시 가해자와 피해자가 해결 방식을 고려할 때 가해자인 남학생은 언어형 성희롱 행위에 대해 처벌이 필요 없다고 생각하는 반면에 피해자인 여학생은 처벌이 필요하다고 생각함으로써 처벌의 수준과 방법을 전혀 달리 인식할 수 있음을 상담자가 고려해야 한다는 알려 줌으로써 성희롱 상담 실제에 함의를 제공하고 있다.

금성에서 온 여자, 화성에서 온 남자?

성희롱 행위 처벌에 대한 남녀 생각 차이

• 남
  - 가능하면 처벌 수위를 낮춰야 한다.
  - 언어형 성희롱은 처벌하지 말아야 한다. 처벌하더라도 사과 정도만 하면 된다.

• 여
  - 가능하면 엄하게 처벌해야 한다.
  - 언어형 성희롱이라 하더라도 사과와 가해자 교육, 심리적 피해보상까지 해야 한다.

처벌수준에 대한 인식 차이의 발생 원인

• 남: 행위유형을 중심으로 지각
• 여: 가해자와 피해자의 관계유형과 반복성을 중심으로 지각

(4) 상담방안에 대한 논의

성희롱 피해자들이 성희롱 문제에 대처하는 방식은 크게 비공식적 차원의 대처와 공식적 차원의 대처로 나누어 볼 수 있다(Sandler & Shoop, 1997). 본 연구에서 설정한 성희롱 대응 수준에서의 비공식적 대처는 불쾌하지만 참고 넘어가거나 본인에게 사과를 요구하는 등의 개인적으로 해결하는 방식이라

고 할 수 있다. 다음으로 공식적 차원의 대처는 관련 상담기관에 상담을 통해 중재 혹은 도움을 요청하거나, 소속 단체 또는 조직 내에서 공론화시켜서 대응하는 방식, 또는 법적으로 대응하는 방식 등이 있다. 그러나 어떠한 다른 대응이나 해결에 앞서 성희롱 피해자는 가해자의 진정한 사과를 기본적으로 요구하는 경우가 일반적이다. 이러한 측면은 가해자의 진정한 사과가 문제해결에서 가장 중요하다는 것으로 해석될 수 있다.

그러나 성희롱 문제에 대한 상담에서 가해자의 사과는 쉽지 않다. 성희롱 상담 실무자들이 겪는 어려움 중의 하나는 성희롱 가해자에 대한 상담인데, 자신의 행위가 성희롱 피해를 유발하였다는 사실이 확인되었음에도 불구하고 그러한 사실을 인정하지 못하는 경우가 대부분이다. 문제발생 사실 자체를 인정하지 못하는 가해자의 이러한 태도는 당면 문제에 적절히 대처하지 못하고 결과적으로 현실적인 해결방안을 찾지 못함으로써 사태를 악화시키는 결과를 초래한다. 이는 성희롱 인식에서의 남녀 차이에 대한 이해 부족과 효율적인 대처방안을 알지 못하기 때문이다.

본 연구를 통해 알 수 있듯이 성희롱 대처방안에서 남녀 차이가 나타났는데, 남학생은 성희롱 문제에 대한 대응수준과 가해자 처벌을 생각할 때 주로 행위유형을 가장 크게 고려하는 반면, 여학생은 가해자와 피해자의 관계유형을 가장 크게 고려하는 것으로 나타났다. 이와 같은 연구 결과를 바탕으로 보면, 성희롱 상담에서의 문제해결 방안을 고려할 때 피해자는 가해자와 피해자의 관계유형을 중요하게 고려하게 된다. 즉, 가해자가 자신보다 우위에 있는 사람인지의 여부가 대응하는 방식과 가해자의 처벌강도를 고려하는 데 영향을 미치는 것이다. 왜냐하면 가해자의 지위가 높을 경우, 자신이 속한 조직이나 소속 공간에서 추후 발생할 수 있는 현실적인 어려움과 문제를 예견하고 이에 대해 대처하고자 하기 때문이다. 이는 피해자의 실질적인 생활 적응의 문제 또는 현실적인 진로나 생계의 문제 등과 연결되어 있기 때문에 피해자가 문제를 심각하게 고려하고 강력하게 대처하고자 하는 동기로 작용하게 된다. 그러나 가해자는 성희롱 문제의 대처에서 행위유형을 주요하게 고려함으로써 자신의 행위가 언어적인 것인지, 신체적인 것인지의 여부, 즉 자신의 입장에서 생각할 때 행위가 경미한 것인지, 심각한 것인지의 여부를 중심으로 생각할 가능성이 높다. 이러한 요소를 중심으로 대처방안을 결정할 경우, 피해자의 입장을 이해하지 못하고 이에 따라 당사자 사이에 입장 차이가 발생함으로써 현실적인 대처방안을 찾는 데 어려움을 겪게 된다.

성희롱 문제를 해결하기 위한 상담에서 상담자는 내담자로 하여금 성희롱 문제 대처과정에서 나타나는 남녀 차이에 대한 이해를 돕기 위해 정보를 제공할 필요가 있다. Brammer와 MacDonald(1996)는 상담자가 내담자의 행동에 대해 효과적인 피드백을 전달할 경우 내담자의 자기 인식을 증가시킬 수 있다고 하였다. 본 연구에서 도출된 다양한 성희롱 장면에서의 남녀 대학생의 성희롱 대처방식의 차이에 대한 지식은 상담 실무자들이 내담자의 이해를 돕기 위해 제공할 수 있는 유용한 정보원으로 활용할 수 있을 것이다. 가해자 상담이나 교육 프로그램을 통해 성희롱 문제 대처과정에서 피해자가 중요하게 여기는 요소들이 무엇인지에 대해 구체적으로 피드백을 제공해 줌으로써 가해자가 피해자의 관점을 이해할 수 있도록 도울 수 있다. 이러한 과정을 통해 가해자는 자신의 행위가 상대방에게는 성희롱으로 인식되었을 수 있음을 인정하게 되고 이러한 차이에 대한 이해를 바탕으로 인식의 변화가 이루어졌을 때 피해자들이 원하는 진정한 사과가 가능해진다고 볼 수 있다. 이와 같이 상담자는 성희롱 문제 대처에서 나타나는 남녀 차이와 관련된 정보에 대해 구체적인 피드백을 상담 과정에서 제공함으로써 내담자의 자기 인식을 증가시키고 궁극적으로 행동의 변화를 이끌어 내도록 도울 수 있다.

지금까지 살펴본 연구 결과를 통해 다음과 같은 분석 틀을 구성할 수 있다. 먼저 성희롱에 관한 일련의 인식은 '내담자 특성'과 성희롱 '사건 특성'의 영향을 받는다고 할 수 있다. 성희롱 문제는 다른 영역과 달리 내담자의 여러 인구학적 배경 변인 중 성별에 따른 차이가 가장 큰 영향을 미친다고 할 수 있다. 사건 특성에 대한 측면에서 신호탐지론에 따르면, 특정 자극에 대한 인간의 반응(판단)은 자극이 제시될 확률, 강도 등의 자극요인, 그리고 개인의 동기나 민감도 등의 지각자 요인이 결합하여 이루어진다. 다시 말하면, 성희롱에 관한 대학생의 인식은 성별 차이와 같은 개인적 배경요인의 영향을 크게 받으며, 성희롱 행위유형, 행위자의 평소 태도, 즉 행위의 반복성, 그리고 당사자들의 관계유형 등 사건 특성의 영향을 받는다고 할 수 있다. 지금까지 살펴본 것처럼, 성별 차이와 사건 특성에 따른 성희롱 인식의 분석을 통해 성희롱 예방교육과 상담방안에 대한 시사를 도출하기 위한 분석 틀을 구조화하면 다음 [그림 2-2]와 같다.

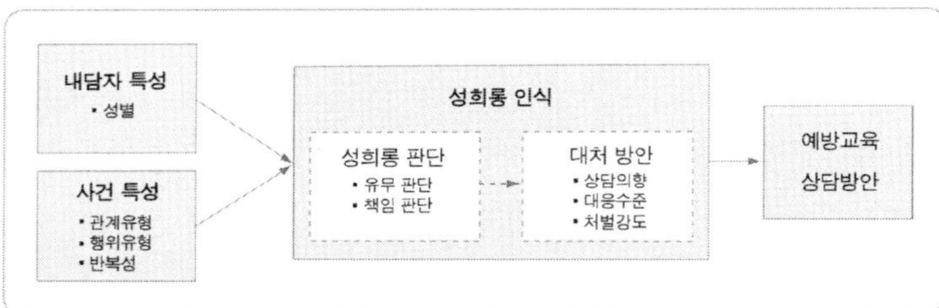

[그림 2-2] 성희롱 인식 분석을 기초로 한 상담방안

2. 성희롱 · 성폭력 상담(소)의 기능

1) 상담소의 기능

상담 활동은 집단과 개인의 문제에 대한 기본적인 치료적 기능(remedial role)과 앞으로 발생할 가능성이 있는 문제에 대해 예상하고 미리 피할 수 있도록 하는 예방적 기능(preventive role)을 할 뿐만 아니라, 그러한 문제를 극복하는 데 필요한 능력과 기능을 획득하도록 도와주는 교육적 기능(educative developmental role)을 한다(Gelso & Fretz, 2001). 특히 대학 내의 성희롱을 예방하고 해결하기 위한 상담 활동은 개인적으로나 사회적으로 매우 중요한 역할을 한다. 왜냐하면 상담은 성희롱이라는 문제 상황에 대하여 전문적인 도움을 제공함으로써 성희롱에 따른 피해가 악화되는 것을 예방하고, 성희롱 발생 환경을 발견하여 개선하며, 성희롱 피해자가 일상생활을 회복하는 것과 가해자의 재발을 방지하는 예방적 · 교육적 기능을 하기 때문이다.

대학 상담소에서 상담을 접수하는 시점부터 내담자에 대한 지원이 시작되며, 상담소(상담자)는 상담 과정을 통해 내담자의 필요와 욕구를 파악하여 적절한 서비스로 연계한다.

먼저 상담 접수는 전화 접수, 창구 접수, 인터넷 접수 등 다양한 방식으로 이루어지며, 이렇게 접수된 상담은 내담자의 상황과 필요에 따라 몇 가지 경로로 나누어진다. 내담자는 상담을 통해 자신의 필요와 욕구를 파악할 수 있는 시간을 가지며 상담자의 조언과 스스로의 판단에 따라 적절한 지원 절차를 선택하여 문제를 해결할 수 있다. 상담소의 역할은 크게 기관 외(학외) 지원과 기관 내(학내) 지원으로 구분해 볼 수 있는데, 기관 외 지원은 주로 '외부 지원 체계 연결 기능'이라고 할 수 있으며, 기관 내 지원은 '문제해결 기능'과 '상담 및 교육 기능'으로 구분할 수 있다([그림 2-3] 참조). 이는 내담자의 필

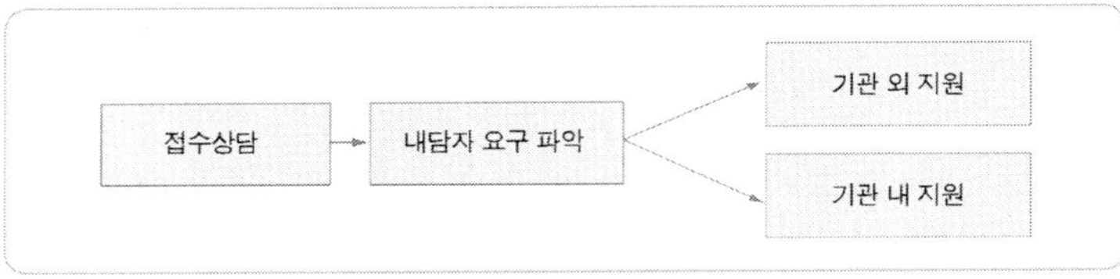

[그림 2-3] 상담 지원 연계

요와 요구에 따라 선택될 수 있다. 먼저 내담자가 학내 서비스보다는 외부의 법률적, 의료적, 심리적 지원을 필요로 하는 경우, 상담자는 전문적 서비스를 제공할 수 있는 기관에 대한 정보를 제공하거나 가능하다면 해당 기관에 내담자를 연계해 줄 수 있다.

이를 위해서 상담원은 관련 법령 및 절차에 대한 기본적인 정보를 숙지해야 하며, 법률 또는 의료 서비스를 위한 전문적인 정보 및 자문을 제공할 수 있는 학내 · 외 기관이나 인적 자원에 대한 정보를 확보하고, 각 기관의 장점과 특성에 대해 구체적으로 파악해 두어야 한다.

한편, 내담자가 학내에서 활용 가능한 서비스와 지원 절차를 활용하려는 경우가 있는데, 이것은 크게 '상담 및 교육서비스' 영역과 '사건 조사 및 해결' 영역으로 나눌 수 있다.

사건에 대한 구체적인 해결을 원하는 내담자는 상담을 통해 자율적으로 해결하거나 조사기구를 통해 타율적으로 해결할 수 있다. 흔히 전자의 해결방법을 비공식적 절차라고 하고 후자를 공식적 절차라고 지칭하는 경우가 많지만, 이를 정

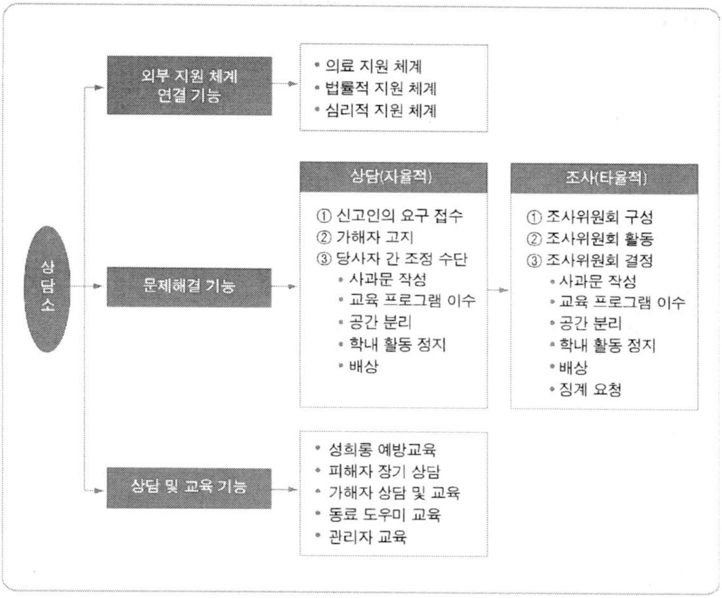

[그림 2-4] 대학 성희롱 · 성폭력 상담소의 기능

확한 분류 방법으로 보기는 어렵다. 왜냐하면 성희롱 문제를 상담 및 교육 과정을 거쳐 해결하거나 조사 절차를 거쳐 해결하는 방법 모두 대학 내의 공식 기구를 통해 해결을 모색한다는 점에서 공식적인 절차이기 때문이다. 다만 성희롱 문제를 상담 과정에서 당사자 간의 합의를 통해 자율적으로 해결하는 경우, 징계와 같이 정형화된 절차를 거치는 것이 아니라 다양한 설득과 조정 과정 및 대화를 통해 문제해결을 시도한다는 점에서 비공식적 성격을 상대적으로 많이 지닌다. 이에 반해 성희롱 문제를 대화와 설득 및 타협을 통해 해결하지 않고 조사 과정을 거친 징계 등의 공식적 조치를 원하는 내담자는 정형화된 절차를 거치면서 타율적으로 문제해결을 시도하기 때문에 공식적 성격이 상대적으로 강하게 나타난다.

한편, '상담 및 교육 기능'은 특정한 사건에 대한 해결보다는 상담이나 교육 자체를 목적으로 하는 서비스가 제공되는 것을 말한다. 예를 들면, 성폭력 피해의 후유증을 겪는 내담자에게는 중 · 장기 상담 서비스를 제공하여 피해 경험을 극복하고 정상적인 학업 및 업무에 종사할 수 있도록 도움을 줄 수 있다. 그리고 성희롱 · 성폭력 가해자에 대한 상담과 교육 서비스 또한 대학 상담소가 제공할 수 있는 유용한 서비스 중 하나인데, 피해자의 요구에 따라 가해자가 개인적 차원에서 접수하거나 기관이나 학생 자치 모임을 통해 의뢰되기도 한다. 각각의 경우 내담자에 대한 서로 다른 접근 방식이 요구되지만, 기본적으로 왜곡된 성의식과 행동에 대해 성찰하는 과정을 통해 향후 재발을 예방하는 것을 목적으로 하는 상담 및 교육 프로그램이 진행될 수 있다. 그 외에도 학내 기관의 관리 책임자들을 대상으로 한 관리자 교육 프로그램이나 학생을 대상으로 하는 동료 도우미 양성 프로그램이 제공될 수 있다. 대학의 성희롱 · 성폭력 상담소의 인력과 물적 자원은 제한되어 있기 때문에, 관리자 교육과 동료 도우미 양성 프로그램의 활성화는 실제로 대학 곳곳에서 발생할 수 있는 성희롱 · 성폭력 사건을 사전에 예방하고 자율적으로 해결하는 데 효과적이다.

최근 대학 내 성희롱 · 성폭력 상담소는 주로 학내에서 대학 구성원에 대한 '상담 및 교육 기능'과 성희롱 · 성폭력 사건에 대한 '문제해결 기능'이라는 두 가지 역할을 담당하고 있다. 앞서 살펴보았듯이 두 가지 영역의 기능은 성격을 달리하면서 동시에 상호 보완적으로 연관되어 있기 때문에, 많은 대학의 성희롱 · 성폭력 상담소는 사전에 예방하기 위한 상담 및 교육 활동은 물론 발생한 사건을 상담하고 이를 조사 · 해결하는 기능까지 모두 담당하는 경우가 많다.

예를 들면, 일본의 도쿄대학교는 성희롱에 대한 상담과 교육 기능은 대학 내의 성희롱 상담소에서 전문 상담원들이 수행하며, 상담을 통해 문제가 해결되지 않는 사건은 부총장을 위원장으로 하는 별도의 조사위원회에서 조사 및 해결 기능을 담당하고 있다. 이 두 가지 기능을 성희롱 상담소에서 맡는지, 혹은 별도의 기구를 두는지의 여부는 이 문제에 관한 대학의 인식에 달려 있다. 다만 조사 및 해결 기능을 상담소가 아닌 별도의 기구에서 담당해도 상담소의 상담 과정에서 문제에 관한 조사의 상당 부분이 이미 이루어지기 때문에 상담소의 역할이 클 수밖에 없다. 이러한 이유 때문에 많은 대학이 단일 기구에서 상담 및 조사 기능을 통합적으로 담당하거나 상담과 조사 절차가 서로 유기적으로 연계되는 운영 방식을 취하고 있다.

대학은 성희롱 · 성폭력 문제에 대해 자체적으로 정책을 수

립할 수 있으며, 관련 규정 및 절차에 따라 대학 구성원들 간의 문제를 해결할 수 있다. 이러한 특성에 따라 대학은 성희롱 · 성폭력 문제를 다루는 방식에서 징계 조치 이외에 다양한 형태의 교육적 · 문화적 접근이 가능하다. 대학의 이러한 특수성은 성희롱 · 성폭력 사건을 해결하는 데 더욱 폭넓은 가능성을 제공한다. 예를 들면, 대학의 성희롱 · 성폭력 상담소는 성희롱 · 성폭력 피해자에 대해 상담 서비스를 제공하는 동시에 신고 접수된 사건에 대한 객관적인 사실 관계 확인 절차를 밟을 수 있다. 만약 공식적인 조사에서 해당 사건이 대학의 성희롱 · 성폭력 규정에 위반되지 않는 행위로 판명된다 할지라도, 이것이 내담자에게 제공된 상담 서비스가 부당하거나 불필요하였음을 의미하지는 않는다. 왜냐하면 대학의 성희롱 · 성폭력 상담소는 사건을 조사 및 처리하는 조사기구로서의 성격을 지니기도 하지만 동시에 학내 구성원들의 복지를 위한 서비스 기관이기도 하기 때문이다.

대학의 성희롱 · 성폭력 상담소가 지닌 이와 같은 복합적인 기능과 특성은 기능의 혼란을 야기할 수 있는 단점이 될 수 있지만, 다른 한편으로는 대학의 구성원이 필요로 하는 다양한 서비스를 유연하게 제공할 수 있고 여러 공식적 · 비공식적 자원과 절차를 통해 사건을 해결할 수 있다는 점에서 결과적으로 대학 내 성희롱 · 성폭력 문제를 해결하는 데 유용한 효과를 갖는다. 이러한 절차적 유연성과 다양성은 법률적, 행정적 구제절차가 지닌 경직성을 보완하는 역할을 할 수 있으며, 따라서 성희롱 · 성폭력 피해를 입은 개별 구성원들이 선택할 수 있는 하나의 대안으로 자리매김할 수 있다.

따라서 대학의 성희롱 · 성폭력 상담소는 상담과 조사를 담당할 수 있는 전문성을 갖추어야 하며, 성희롱 · 성폭력 피해 발생 가능성을 억제하고, 성에 대한 평등한 의사소통을 할 수 있는 대안적인 성문화를 조성해 나가야 한다.

2) 회복적 사법 개념의 적용

앞서 논의한 상담소의 여러 기능 중 '문제해결 기능'이 실제로 서비스 되는 과정을 [그림 2-5]와 같이 도식화해 볼 수 있다. 즉, 문제해결이 되는 과정은 크게 초기의 '상담 과정'과 이후의 '조사 과정'을 거치면서 해결되는 2단계 모형을 취하고 있다. 먼저 성희롱 상담은 피해자나 가해자 또는 학내 기관으로부터의 상담 신청을 접수 받는 것에서 시작된다. 이러한 접수상담 과정은 내담자의 개인적 정보, 사건 및 내담자의 요구에 관한 개략적 정보를 수집하는 한편, 내담자에게 상담의 기본적 정보를 제공하는 활동으로 이루어진다. 접수상담을 거친 후, 성희롱에 대한 본격적인 상담 활동은 내담자에 대한 심리적 지지, 정보수집 · 제공, 해결방안 탐색의 과정을 거치면서 이루어진다. 이러한 상담 과정에서 상담자는 피해자와 가해자의 의사를 간접적으로 소통시키고 의견을 조정하면서 문제를 해결할 수 있는 다양한 방안을 모색한다. 상담 과정에

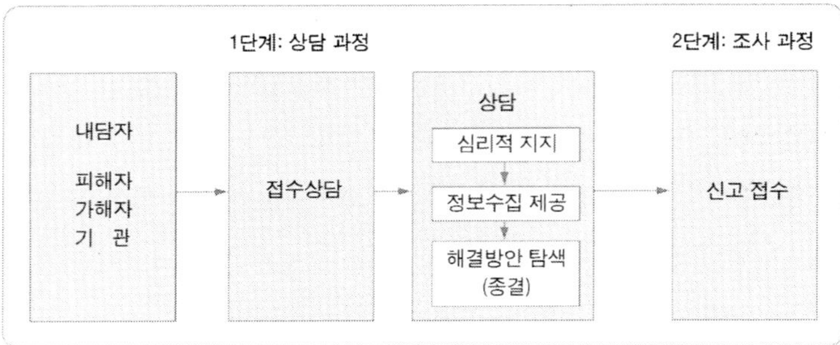

[그림 2-5] 대학의 성희롱 상담 및 조사 · 처리 모형

서 모색하는 구체적인 해결방안은 사과와 배상 등을 비롯해 기타 다양한 제도적, 비제도적 수단들이 될 수 있다. 다만 이때 구체적인 해결방안을 선택하는 과정에는 성희롱의 성격상 피해자의 요구가 주요한 변수로 작용하는 경우가 많다.

지금까지의 1단계 성희롱 상담 단계를 회복적 사법의 개념으로 재해석해 보면, 갈등 문제(성희롱)를 해결하기 위하여 피해자와 가해자가 직접 대면하지 않고 중간에서 상담원이 조정자의 역할을 하면서 양쪽 의사를 소통시키며 문제해결을 위해 의견을 조정해 가는 '조정단계'로 이해될 수 있다. 이러한 1단계 상담 모형은 상담원이 조정자의 입장에서 양쪽의 의사를 원활하게 소통 · 조정하면 피해자의 피해 회복뿐만 아니라 가해자와 대학 공동체의 피해까지도 회복함으로써 모든 관련자들이 상담 과정을 통해 이익을 얻는 결과를 가져올 수 있다.

그러나 [그림 2-5]를 통해 알 수 있듯이, 현재 대학 내 성희롱이 '상담 과정' 단계에서 양쪽 당사자 모두 동의할 수 있는 수준의 해결방안이 나오지 않을 때는 많은 경우 다음 단계로 넘어간다. 이를 일반적으로 '조사 과정'이라고 부르는데, 이러한 조사 과정은 그것의 본질적 성격을 어떻게 이해하는가에 따라 1단계 상담 과정과 관계가 달라질 수 있다. 예를 들면, 이 조사 과정을 조정자(상담자)가 피해자와 가해자 사이에서 문제해결을 위해 화해와 조정을 시도하던 1단계 상담 과정과 동일한 맥락으로 간주하여 상담 과정의 연장으로 이해한다면, 상담 과정과 조사 과정의 성격과 절차가 엄밀하게 분리될 필요는 없을 것이다. 이 경우 2단계의 조사 과정은 징벌을 주기 위해 필요한 조사 절차가 아니라 피해자와 가해자, 그리고 공동체가 모두 모여 피해를 근원적으로 회복하고, 대학 공동체의 통합력을 회복시키기 위하여 각자의 의견을 나누고 토의해 가는 회복적 사법 개념의 실천 과정, 즉 상담 과정의 연장이 된다. 그러나 이와는 달리 피해자와 가해자, 그리고 공동체의 피해를 회복하려는 노력은 1단계에서 종결되고, 조사 과정이 가해자의 비행(성희롱)에 대한 적절한 징벌 수단을 찾기 위한 조사 절차로 이해한다면, 상담 과정과 조사 과정은 엄격하게 분리되어야 한다. 물론 1단계의 상담 과정에서 축적된 자료가 이후의 조사 과정에 참고 자료로 활용될 수는 있지만, 상담 과정과 조사 과정이 중복되면 조사 과정의 공정성과 객관성을 확보하기 어렵고 결과적으로 한쪽 당사자에게 피해를 끼칠 우려가 있기 때문이다.

이러한 경우 2단계의 조사 과정은 가해자 개인의 비행에 대해 적절한 징벌을 부과하는 응보적 사법 개념의 실천 과정이 되며 상담(자)의 역할은 축소된다. 현재 다수의 대학에서 상담 과정과 조사 과정의 성격이 규정되지 않은 채 운영되고 있다(교육인적자원부, 2005a). 이와 같이 성희롱 사건 처리의 각 단계의 기능에 대한 인식 확립과 절차에 대한 명확한 규명이 없이 운영된다면, 결과적으로 대학 공동체 구성원에게 피해가 돌아갈 우려가 있다. 이러한 양상은 크게 두 가지 형태로 나타날 수 있는데, 첫 번째 형태는 2단계 조사 과정에서 1단계의 상담 과정을 전혀 고려하지 않고 처벌을 위한 징계 처리 단계인 것처럼 별도로 운영하는 것이다. 이 경우 가해자 처벌을 위한 양형 기관으로서의 기능만 할 수 있을 뿐 교육 기관으로서의 기능을 제대로 수행할 수 없게 된다. 실제로 많은 대학과 기관들에서 성희롱 사건이 발생하면 가해자를 일방적으로 처벌(해고, 퇴학 등)함으로써 문제를 해결하고자 한다. 즉, 문제의 발생 원인을 파악하여 적절한 조치를 취하기보다는 문제발생과 연관된 당사자들을 조직 밖으로 퇴출함으로써 문제를 쉽게 해결하고자 하기 때문이다.

두 번째 형태는 상담 과정과 조사 과정의 기능에 대한 명확한 구분 없이 피해자 상담의 연속선상에서 절차를 진행하는 경우다. 이 경우 피해자 상담 과정에서 도출된 정보가 조사 · 처리의 공정성과 객관성을 훼손하여 결과적으로 일방 당사자

(피신고인 · 가해자)에게 피해를 주는 경우가 발생할 수 있다. 왜냐하면 상담창구를 통해 주로 피해자가 먼저 상담을 접수하고 상담자는 피해자의 진술을 최초로 접하는데, 이 경우 사건에 대한 객관적인 사실을 파악을 하기 이전에 피해자 진술을 먼저 듣게 되므로 이러한 사전 정보로부터 상담자는 사건에 대한 편향된 시각을 지니거나 피해자에게 감정 이입을 할 가성이 높아지게 된다. 그런데 대부분의 상담소에서 피해자에게만 상담 서비스를 제공하고(또는 피해자만 상담소를 이용하고) 가해자는 상담하지 않고 조사 절차에만 소환하고, 또한 피해자만을 상담했던 상담자가 조사 · 처리 과정에 관여했을 경우, 가해자는 사건 처리가 피해자 위주로 일방적으로 진행되어 공평하지 못하다고 여기게 된다. 이 경우 사건 처리 결과에 대해 불만을 갖게 되어 책임을 이행하지 않을 뿐만 아니라 이후 인권침해 문제로 소송을 제기하는 경우가 발생할 수도 있다.

따라서 이러한 문제를 해결하기 위해서는 상담과 조사 절차에 대한 규정을 확립하여 공정한 절차 운영이 선행되어야 하며, 이와 동시에 현재 처벌을 하기 위한 징계결정 단계처럼 운용되는 조사 과정을 회복적 사법의 관점에서 운영할 필요가 있다. 즉, 대학 내 성희롱 문제는 가해자에 대한 응보적 징벌보다는 피해자와 가해자, 그리고 대학 공동체 모두가 이익을 볼 수 있는 회복적 사법 관점의 노력이 강화될 필요가 있다.

회복적 사법

최근 형사 사법에서 전통적인 응보적 사법(retributive justice) 개념이 범죄 예방 및 재범 방지에 크게 효과가 없다는 반성이 크게 일면서, 가해자와 피해자 및 공동체 모두가 문제해결의 당사자로 참여하여 피해를 회복하고 공동체의 사회적 재통합을 모색하는 회복적 사법(restorative justice) 개념이 크게 주목받고 있다.

회복적 사법 개념은 범죄와 비행을 이해하는 관점, 피해를 입은 관련자의 범위에 대한 인식, 그리고 문제해결 방식 등이 전통적인 응보적 사법 개념과는 근본적으로 다르다. 예를 들면, 응보적 사법 개념은 범죄나 비행을 가해자 개인이 국가를 포함한 공동체의 객관적 규범 질서에 도전한 것으로 이해하기 때문에, 이미 행한 과거의 행위에 대해 적당한 책임과 처벌을 강제적으로 부과하고 이를 통해 가해자를 교정시켜 사회 구성원으로 다시 복귀시키는 데 초점을 두고 있다. 따라서 전통적인 응보적 사법 개념에 따르면, 형사사법 과정의 직접적 당사자는 징벌권 주체로서의 공동체와 가해자이며, 현실적으로 피해자가 존재함에도 불구하고 문제해결 과정에서 피해자는 존재하지 않는 추상적 존재로 취급된다.

한편, 회복적 사법 개념은 범죄나 비행을 피해자 개인, 공동체와 그 구성원들의 관계, 그리고 가해자 자신에게까지 피해를 주는 행위로 인식한다. 따라서 회복적 사법 개념은 과거의 행위에 대한 책임과 처벌이 아니라 비행으로 훼손된 공동체를 복원하기 위해 앞으로 무엇을 해야 할 것인가에 문제해결의 초점을 둔다. 다시 말해, 회복적 사법의 관점에 따르면, 비행이 피해자에게만 해를 끼치는 것이 아니라 피해자와 공동체, 그리고 가해자 자신을 포함한 모두의 관계에 해악을 유발하는 행위이기 때문에, 사법 체계가 해야 할 일은 가해자 개인에게 응보적 관점에서 벌을 강제적으로 부과하는 것이 아니라 공동체 전체의 관계가 입은 피해를 근원적으로 회복하는 것으로 간주한다(Umbreit, 2001). 이와 같이 회복적 사법은 범죄와 비행에 따른 피해자의 손해를 고려하되 문제를 근원적으로 해결하기 위하여 보다 포괄적으로 접근하며, 가해자를 처벌의 대상이 아니라 공동체를 포함한 전체 관계망에 유발한 해악을 회복시킬 수 있는 책임 있는 존재로 이해한다.

이러한 회복적 사법 개념은 대학과 같이 구성원의 상호작용이 활발한 소규모 공동체의 비행에 대한 새로운 대응 방안으로 특히 유용하다. 왜냐하면 대학 공동체에서 응보적 사법 개념으로 구성원의 비행 문제에 대응하는 것은 문제의 근본적 해결에 도움이 되지 않기 때문이다. 특히, 대학 내 성희롱 문제는 성희롱 현상과 대학 문화의 특성상 응보적 사법 개념보다는 회복적 사법 개념이 보다 유용하다. 따라서 대학 내 성희롱 상담 및 조사 과정은 피해자와 가해자 및 공동체 모두에게 이익이 될 수 있도록 회복적 사법 개념으로 일관되게 처리하는 것이 필요하다. 이를 위해서는 대학 성희롱 상담 및 사건의 조사 과정이 회복적 사법의 이념과 원리에 충실하게 운용되어야 하며, 특히 현재 징계를 위한 과정으로 운용되는 조사 과정이 회복적 사법의 관점에서 대학 구성원 모두에게 이익을 줄 수 있는 상담 활동으로 이루어질 수 있도록 인식의 전환이 필요하다.

대학의 성희롱 · 성폭력 사건은 발생 배경이나 피해자와 가해자의 관계 등을 고려할 때, 법률에 따른 엄중한 처벌보다는 대학 공동체 차원의 자율적이고 교육적인 접근이 더욱 현실적이고 효과적인 해결책이 되는 경우가 많다. 물론 대학 구성원 간에 발생한 성희롱 · 성폭력 사건이 법률적, 행정적 절차에 따라 엄중하게 처벌되어야 하는 경우도 있다. 대학이 교수와 학생, 선후배로 이루어진 학문 공동체이며 그 속에서 사회인으로서의 자신의 전문성을 찾아가는 장이라는 점을 고려하면, 대학 내의 성희롱 · 성폭력은 비록 법률적 기준에는 미치지 않지만 관련 당사자에게 심각한 피해를 줄 수 있는 경우가 많다. 따라서 대학 내 성희롱 · 성폭력은 사법적 관점도 필요하지만 교육적 관점으로 접근하는 것이 필요하며, 대학이 자율적으로 확립한 규정과 절차에 따라 문제를 해결할 수 있어야 한다.

현재 대학 내 성희롱 문제의 처리 과정에서 활용되는 당사자 간 조정을 통한 사과, 피해 배상과 가해자 교육 프로그램 이수 등은 피해의 근본적 회복을 중요하게 여기는 회복적 사법 관점에 근접한 수단들이라고 할 수 있다. 이는 대학 내 성희롱 · 성폭력 문제해결 과정에 형사 사법의 최근 변화 추세, 즉 공동체와 가해자, 그리고 피해자가 모두 직 · 간접적으로 참여하여 피해를 근원적으로 회복하고자 하는 회복적 사법 개념을 적용할 수 있는 가능성이 있음을 말해 준다. 따라서 대학 내 성희롱 상담 및 조사 과정의 핵심적 문제는 제도적 측면의 문제라기보다는, 이러한 회복적 사법의 관점을 바탕으로 상담(자)의 중요성과 역할을 명확히 규정하여 상담 및 교육적 개입이 일관되게 적용될 수 있도록 하는 인식의 전환이라고 할 수 있다. 따라서 현재 대학 내 성희롱 · 성폭력 문제의 근본적 해결을 위해서는 응보적 사법 개념으로 처리되는 경향을 억제하고 회복적 사법 개념으로 일관되게 처리할 수 있는 구체적 방법들을 정착시키는 노력이 필요하다.

3 성희롱·성폭력 상담의 실제

이 장에서는 대학의 성희롱 · 성폭력 상담소가 대학의 구성원에게 제공할 수 있는 지원 내용과 그 절차를 간략히 살펴보고자 한다. 그러나 이러한 절차와 구조는 일반 상담소에서 성희롱 · 성폭력 문제를 다룰 때도 동일하게 적용할 수 있다.

대학 내 성희롱 · 성폭력 상담소는 다양한 방식을 통해 성희롱 문제에 대응할 수 있다. 다만 문제해결의 주체는 당사자들이므로 상담소(상담자)는 다양한 해결방법의 장점과 단점을 파악하여 적절한 방법을 선택할 수 있도록 도와주는 것이다. 이번 장에서는 상담소(상담자)의 역할을 중심으로 대학 내 성희롱 · 성폭력 문제를 해결하는 실질적 방법을 살펴보고자 한다. 특히 여러 가지 문제해결 방안 중에서도 구성원의 자율적인 의사소통을 통해 해결에 이르는 상담에 대해 구체적으로 안내하고자 한다.

2장에서 살펴본 상담소(상담자)의 역할과 기능을 바탕으로 상담의 절차를 도표화한 것이 [그림 3-1]이다. 성희롱 · 성폭력 상담자는 순서도를 따라서 상담을 진행할 수 있다. 1단계 '접수상담'을 통해 내담자를 만나면 2단계에서 '내담자의 요구파악'을 하고, 3단계에서 내담자와 함께 여러 가지 '해결방안의 장단점 검토'를 한 다음, 4단계에서 '해결방법 선택'을 하여 5단계에서 해당되는 서비스를 제공한다. 이때 5단계에서 문제가 해결되지 않으면 다시 2단계로 돌아갈 수 있다.

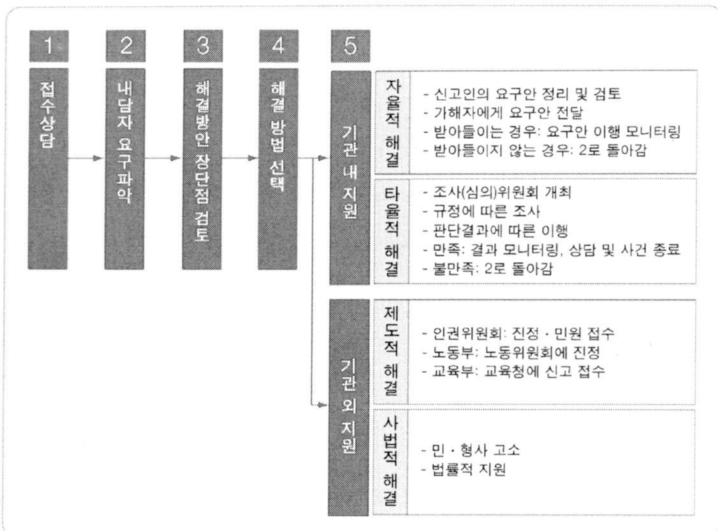

[그림 3-1] 성희롱 · 성폭력 상담 절차도

1. 접수상담

대학 내 성희롱 상담은 접수상담으로 시작하여 구체적인 문제를 다루는 과정을 통해 상담 종결에 이른다. 이러한 접수상담과 상담 진행, 그리고 종결상담의 과정에서 상담자가 알고 있어야 할 내용이나 유의점을 살펴보자.

1) 상담신청 접수

상담신청 접수는 피해자가 직접 하기도 하고 피해자의 주변인(친구, 선배, 교수 등)이나 피해자가 소속된 기관차원에서, 그리고 드물기는 하지만 가해자가 신청할 수도 있다. 또는 공식적으로 상담을 신청하기보다는 전화나 기타 경로를 통해 자문을 구하는 형식으로 문제를 상의하기도 한다.

어떠한 형태이든 접수상담은 상담의 시작이다. 상담은 상담신청을 받는 과정에서 시작된다.

- 내담자가 전자우편, 전화, 직접 방문 등을 통해 상담을 신청함(피해자, 제3자, 가해자 및 기관이 상담신청)
- 내담자가 자신의 문제를 상담소와 의논해도 될 것인가를 탐색

상담소가 다소 크거나 작더라도 상담자나 기타 근무자가 전화를 받을 수 있다. 이러한 경우 전화를 받는 사람들에 대

한 사전 교육이 철저하게 이루어져야 한다. 전화는 상담소에 대한 첫인상을 결정하는 중요한 절차이므로 중요한 업무다. 전화를 받는 근무자는 "안녕하십니까? ○○상담소입니다." 또는 "안녕하십니까? ○○상담소 근무자 ○○○입니다."라고 응대할 수 있다. 피해자이든 가해자이든 성희롱 · 성폭력 상담소에 전화하기까지 힘든 과정을 거쳤을 가능성이 많으므로 친절하고 여유 있는 응대가 필요하다.

상담소의 전화는 상담자가 필요할 경우 언제든 녹음할 수 있도록 장치해 놓는 것이 좋다. 또한 전화기 옆에는 전화상담일지를 구비하여 활용하는 것이 좋다. 일지에는 전화 수신 일시, 수신자와 발신자, 수신 내용 및 상담자의 고지 내용 등을 기록하는 것이 필요하다.

일반적으로 피해자가 전화를 하거나 방문할 경우, 피해자는 가해자에 대한 분노로 흥분해 있기도 하며, 또는 오랜 고민으로 우울한 상태에 있는 경우도 있다. 따라서 상담자는 내담자의 진술에서 부족한 부분에 대해 구체적인 질문을 통해 정보를 수집해야 한다. 사건 당사자인 가해자와 피해자의 기본 인적 사항을 비롯하여 사건 관련 정보, 피해자 요구사항 등을 상세하게 파악하는 것이 필요하다. 예를 들면, 피해자나 가해자의 결혼 여부, 사건의 증인 유무, 내담자의 요구 사항 등은 추후 사건 진행과정에서 중요한 관건이 되기도 한다.

상담 신청서 및 상담일지

상담 접수 시 상담소(자)가 내담자로부터 수집해야 할 정보는 다음과 같다(부록 1, 2 참조).

- 내담자 관련 정보: 소속, 지위, 연락처, 전자우편 주소, 주소, 결혼 여부, 건강 상태 등
- 사건 관련 정보: 육하원칙에 따른 사건 개요, 피해 정도 및 지속기간, 증거 및 증인 여부, 병원 진료 여부 등
- 가해자 관련 정보: 소속, 지위, 연락처, 이메일 주소, 주소, 결혼 여부, 피해자와의 관계 등

독립된 상담 공간 확보의 필요성

학내 구성원들이 상담소의 존재 자체를 모르거나 위치를 모르는 경우가 많다. 상담소는 접근하기 편리해야 하며, 동시에 내담자가 심리적으로 편안함을 느낄 수 있도록 독립된 공간이어야 한다. 따라서 사무 공간과 상담실이 분리되어 있어야 상담이 적절히 이루어질 수 있다.

상담 접수 시 상담자가 내담자에게 제공해야 할 정보는 다음과 같다.

- 상담소에서 제공할 수 있는 서비스의 종류와 범위
- 비밀보장에 대한 기관(대학)의 방침과 기준

- 상담, 신고 접수, 사건 조사와 관련된 사항들에 대한 안내
- 기관(학내) 규정, 관련 법령 및 기관에 대한 안내

2. 내담자 요구파악

내담자가 원하는 것은 내담자의 상황과 사건의 성격에 따라 다양할 수 있다. 그러나 대부분의 내담자는 자신이 원하는 것을 뚜렷하게 알지 못하거나 표현하지 못하는 경우가 많다. 따라서 중요한 것은 내담자의 다양한 '원함(want)'을 공감적이고 수용적으로 경청하는 것이다. 이것이 바탕이 되어야 다음 단계를 진행하는 것이 가능해진다.

- 내담자의 요구 사항(사건 해결 방향, 상담소에 바라는 사항 등)
- 내담자의 다양한 '원함'에 대해 듣고 확인한다. 내담자가 상담소 또는 상담자에게 바라는 점, 관련 사건에 대해 바라는 점 등을 듣는다.
- 원하는 내용의 우선순위와 이유 등을 적어서 이야기해 본다.
- 원함이 대립될 경우, 대차대조표를 만들어 비교해 본다.
- 내담자가 여러 명일 경우, 바라는 것이 다를 수 있으므로 각각의 원함을 확인한다.
- 내담자의 권리와 의무에 대해 알려 준다.

3. 해결방안의 장단점 검토

성희롱 · 성폭력 사건 해결방안은 크게 기관 내 지원과 기관 외 지원으로 구분할 수 있다. 기관 내 지원은 상담을 통한 자율적 해결방법과 조사를 통한 타율적 해결방법이 있으며, 기관 외 지원은 제도적 해결방법과 사법적 해결방법이 있다. 상담자는 내담자와 함께 각 해결방법에 대한 근거, 방법, 장단점, 도출 가능한 결과를 검토해 본다.

1) 상담을 통한 자율적 해결방법

- 근거: 교내 성희롱 · 성폭력 상담 및 사건 처리규정
- 방법: 상담자, 피해자, 가해자의 연계된 상담 과정을 통한 문제해결
- 장점: 비밀보장 확보에 유리, 피해 및 관계의 원상복구 가능성이 높다.
- 단점: 가해자가 피해자의 요구를 수용하지 않을 경우 적절한 대안이 없다.
- 도출 가능한 결과: 가해자의 사과, 가해자 교육 프로그램 이수 및 상담, 자율적 시 · 공간 분리

2) 조사 기구를 통한 타율적 해결방법

- 근거: 교내 성희롱 · 성폭력 상담 및 사건 처리규정
- 방법: 교내 조사위원회 구성을 통한 해결방안 도출

- 장점: 자율적 해결에 비해 가해자를 문제해결 과정에 참여시키고 피해자의 요구사항을 관철시킬 수 있는 강제력이 있다. 교내 유관 기관의 공식적 협조를 받을 수 있다.
- 단점: 비밀보장의 한계가 있으며, 교내 행정력이 미치지 않는 범위의 문제는 해결 불가능하다.
- 도출 가능한 결과: 가해자의 사과, 가해자 교육 프로그램 이수 및 상담, 타율적 시 · 공간 분리, 배상, 징계요청 등

3) 정부 관련 부처를 통한 해결

(1) 국가인권위원회를 통한 해결방법

- 근거: 「국가인권위원회법」
- 방법: 국가인권위원회에 인권상담 신청(전화, 인터넷, 방문, 순회상담 가능), 진정민원 접수(온라인에서 가능)
- 장점: 성희롱 문제뿐만 아니라 이를 해결하는 과정에서 발생한 국가권력으로부터 2차 피해가 있을 경우(예: 수사 및 재판 과정에서의 2차 피해), 또는 군대나 구금 시설에서의 성폭력 피해가 있을 경우 이를 진정할 수 있다. 일반적으로 권리 침해 발생 이후 1년이 지난 진정은 각하되지만, 민사상 시효나 공소시효가 지나지 않은 사건 중 위원회가 조사하기로 결정한 경우는 다루기도 한다.
- 단점: 진정의 원인이 된 사실에 관해 법원 또는 헌법재판소의 재판, 수사 기관의 수사 또는 그 밖의 법률에 따른 권리

구제 절차가 진행 중이거나 종결된 경우는 아예 사건을 다루지 않거나 진정이 각하된다. 진정 이후 법적 권리구제 절차를 진행할 경우, 사건이 해당 기구에 이송되고 국가인권위원회에서는 종결 처리된다.

(2) 노동부를 통한 해결방법

•근거: 「남녀고용평등과 일 · 가정 양립 지원에 관한 법률」

•방법: 지방 노동 사무소 또는 지방 노동위원회에 성희롱 및 불이익 조치에 대한 구제 신청, 노동부 종합상담센터 이용

•장점: 성희롱 피해일 경우 권리구제 요청을 할 수 있는 기간이 길다. 다른 노동권 침해와 연관되어 있을 경우(예: 해고, 임금체불 등)는 병합 사건으로 다루기 용이하다. 성희롱 문제 제기에 대한 불이익 금지 조항과 이에 관한 처벌 조항이 마련되어 있다.

•단점: 제3자(예: 거래처 관계자, 고객 등)의 성희롱은 다루지 못한다.

(3) 교육과학기술부를 통한 해결방법

•장점: 국공립 유치원, 초 · 중 · 고 · 대학의 교사, 교수의 성폭력 사건에 대해 사법적 재판 결과 없이도 실질적인 징계가 가능하다.

•단점: 가해자가 국공립학교 교사인 경우에만 각 교육청에 신고할 수 있다. 정부의 성희롱 피해구제 및 신고 절차 기

능이 국가인권위원회로 이관되면서 다른 부처에서는 직접적으로 피해 접수 기능이 제공되지 않는다.

4) 사법적 해결

- 근거: 형법, 「성폭력범죄의 처벌 및 피해자보호 등에 관한 법률」, 「여성발전기본법」, 「남녀고용평등과 일 · 가정 양립 지원에 관한 법률」, 민법 등에 따른 해결을 뜻한다.
- 방법: 형사고소, 민사소송 → 경찰/검찰 수사 → 재판
- 장점: 법적인 강제력이 있으며, 가해자에 대한 강력한 위협이 될 수 있다. 성폭력 피해를 법적으로 인정받는 것이 주는 안도감과 이후 기타 문제해결 과정에 법적 해결의 결과가 영향을 미칠 수 있다. 민사소송을 통해 피해보상을 받을 수 있다. 또 다른 피해의 재발을 막는 효과가 있다. 성폭력을 범죄로 인식시키는 효과가 있다.
- 단점: 현행법상 처벌 대상이 되는 성폭력 범죄의 범위가 제한적이다. 사건 해결 기간이 길어질 수 있다. 피해자의 의사 변화와 상관없이 사건이 계속 진행될 수 있다. 소송에서 지거나 가해자의 유죄가 인정되지 않을 때, 피해자의 좌절과 위험 부담(예: 무고 피소)이 클 수 있다. 법적으로 피해를 입증한다는 것에 부담과 어려움이 따른다. 민사소송에서 이긴다 해도 손해 배상액이 적게 책정되거나 받지 못하게 될 수도 있다.

4. 해결방안 선택

다양한 해결방법에 대해 충분한 정보가 제공되고 내담자의 원함을 바탕으로 각 해결책의 장점과 단점이 검토되었다면, 이제 해결방법을 결정하도록 도와야 한다. 내담자는 힘들더라도 해결방법을 스스로 선택해야 한다. 여기서는 다양한 해결방법의 선택 상황에 대해 간략히 살펴보고자 한다.

1) 상담을 통한 자율적 해결

사건의 사실관계에 대한 별도의 조사 없이 상담을 통해 사건 당사자들 간의 합의를 원하는 경우는 상담을 통한 자율적 해결 방식이 좋다. 이는 신고인 · 피신고인을 상담하는 과정과 동시에 진행될 수 있으며, 별도의 조사 절차를 필요로 하지 않는다. 다음과 같은 경우 상담을 통한 자율적 절차 활용이 유용하다.

- 비밀보장에 대한 당사자들의 요구 수준이 높다.
- 사실관계에 대한 당사자들의 합의가 존재한다.
- 사건의 해결방법에 대한 당사자들의 합의 가능성이 존재한다.
- 사건 해결 과정을 도울 기관과 개인이 존재한다.
- 사건의 해결방법이 당사자들의 개인적 노력으로 실현 가능한 범위와 수준이다.

- 사건의 해결방법이 상담기구 차원의 개입과 조정으로 실현 가능한 범위와 수준이다.

상담을 통한 자율적 절차의 장점은 다음과 같다.

- 사건 내용 및 관련자의 신상 정보에 관한 비밀보장 수준이 높다.
- 조사를 통한 타율적 절차에 비해 시간과 비용의 손실이 적다.
- 사건에 대한 당사자들의 합의와 자발적 노력에 기초한다.
- 사건의 해결 과정에서 관련자들에 대한 교육적 접근이 가능하다.

2) 조사를 통한 타율적 해결

대학의 조사(심의)위원회, 고충처리위원회 등의 조사 과정을 거치는 경우는 타율적 절차를 통해 사건이 해결되는 것이라고 볼 수 있다. 조사를 통한 타율적 절차는 다음과 같은 상황에서 활용될 수 있다.

- 당사자들 간에 사건의 사실관계에 대해 상당한 불일치가 존재한다.
- 당사자들 간의 개인적 해결이나 상담기구 차원의 해결이

시도되었으나 합의에 이르지 못했다.
- 사건의 성격이 위중하고 재발 가능성이 높다.
- 피신고인을 대상으로 하여 유사한 종류의 신고가 접수된 경우가 있다.
- 사건 해결의 범위와 수준이 상담기구 차원의 개입과 해결 가능성을 넘어서는 것이다.

조사를 통한 타율적 절차의 장점은 다음과 같다.

- 객관적이고 정확한 사실관계 확인 절차가 제공된다.
- 사건 해결을 위해 다양한 수준의 조치를 선택할 수 있다.
- 사건을 해결하기 위해 필요시 강력한 제도적 조치를 취할 수 있다.

3) 기관 외 지원 방법 선택

기관(대학) 내의 구제 절차나 방법으로 피해자를 도울 수 없는 문제이거나 피해자가 제도적, 사법적 처리를 통해 문제를 해결하고자 하는 의지가 확고할 때 선택하는 것이 좋다.

- 제도적 해결을 원하는 경우, 해당 기관의 근거 규정 등을 총체적으로 재확인한다(최근의 정보 확인, 규정 개정 확인 등).
- 구제의 적용 범위와 신고할 수 있는 기간 등을 파악한다.
- 사법기관이나 행정기관을 통한 문제해결을 원할 경우, 여

러 기관에서 동시에 사건을 다루지 않는 경우가 많으므로 어떤 제도를 어느 시점에 이용할 것인지 신중히 고려하도록 조언한다.

5. 해결방안

1) 자율적 해결: 상담

대학 내 성희롱은 일차적으로 상담소의 상담 과정을 통해 해결할 수 있다. 여기서는 상담을 통한 문제해결방법을 상담 과정에 따라 구체적으로 살펴보고 상담 과정의 유의점을 알아본다. 그리고 내담자의 유형에 따른 상담의 내용과 유의점을 살펴본다. 이러한 상담의 과정과 내용은 자율적 해결에 실패할 경우에 대비하여 조사 과정으로의 이행 가능성을 열어두고 진행될 수 있다.

(1) 상담의 진행

- 내담자의 특성에 따라 각기 다른 접근 방법이 필요하다.
- 피해자, 가해자, 제3자(기관 등)가 내담자가 될 수 있다.

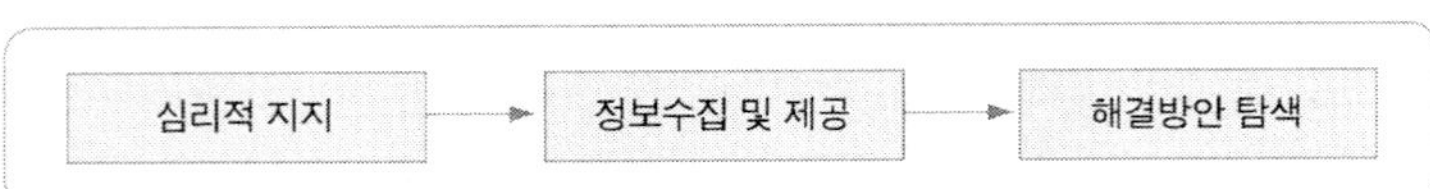

[그림 3-2] 상담의 진행

① 심리적 지지

- 내담자는 주로 비밀보장에 대한 확신을 필요로 하므로, 내담자의 염려와 불안을 이해하고 편안하게 해 준다.
- 내담자와의 상담관계 형성(working alliance)을 위해 경청과 공감 기법을 사용한다. 어떠한 경우라도 내담자를 판단하거나 잘못을 지적하는 언동을 하지 않는 것이 필요하다. 안타까운 마음에 "거기 왜 가셨어요? 그러게 술은 왜 그렇게 많이 마셨어요?" 등의 말을 하면 상담관계가 깨질 수 있다.
- 상담의 분위기를 긍정적, 희망적으로 이끈다. 내담자가 상담소를 찾아온 것에 대해 격려하고 긍정적 기대를 갖도록 돕는다. 내담자를 최대한 돕고자 하는 마음을 충분히 전달한다.

② 정보수집 및 제공

- 내담자 및 사건 관련 정보를 정확하고 꼼꼼하게 수집한다. 사건 관련 당사자와 사건에 대한 정보는 구체적일수록 좋다. 내담자가 어떻게 생각할지 염려되어 상담자가 상담 과정에서 충분히 질문하지 않는 경우가 있는데, 가능하면 구체적인 질문을 통해 많은 정보를 수집한다. 사건에 대한 질문은 어디까지나 내담자를 돕기 위한 것임을 기억하고 내담자에게도 이러한 취지를 미리 알리고 도움을 구하는 것이 좋다.

- 내담자의 다양한 '원함'에 대해 듣고 확인한다. 내담자가 상담소 또는 상담자에게 바라는 점, 관련 사건에 대해 바라는 점 등을 듣는다.
- 내담자가 여러 명일 경우, 각기 바라는 것이 다를 수 있으므로 확인한다.
- 상담소나 학교(기관)가 제공할 수 있는 도움의 범위나 상담소의 서비스(법적, 의료적 지원 등)를 구체적이고 현실적으로 알려 주어야 한다. 이것은 내담자가 가장 필요로 하는 정보다.
- 학내 규정의 내용과 범위, 비밀보장 관련 방침, 기타 정보(의료기관, 법률기관, 외부 상담소 등)를 제공한다.

내담자 및 사건 관련 정보 파악

사건 관련자의 소속 및 지위 상태를 정확히 파악하는 것이 필요하다. 재직 및 재학 여부, 군복무 여부, 결혼 여부 등의 사항에 대해 정확하게 파악해야 한다. 특히 가해자가 해당 학교나 기관의 소속이 아닐 경우, 즉 대학의 행정력이 미치지 못하는 지위 상태인 경우는 가해자에 대한 제재 조치나 처벌이 현실적으로 불가능한 경우가 많다. 예를 들면, 가해자가 학생이지만 휴학 중인 경우, 대학 내 시간 강사였으나 소속 기관과의 계약이 끝난 상태인 경우는 실질적인 행정적 조치나 처벌이 불가능하다. 또한 사건 당사자가 기혼일 경우, 상대 배우자의 고소 · 고발의 가능성이 있으므로 이러한 가능성을 염두에 두어야 한다.

③ **해결방안 탐색**

- 다양한 해결방안의 가능성을 검토한다.
- 다양한 해결방안의 장점과 단점을 살핀다.
- 내담자의 '원함'을 바탕으로 해결방안을 선택한다.

(2) 상담 진행 기법

상담자가 성희롱 · 성폭력 내담자와의 대화를 무척 조심스러워 하고 어려워하는 경우가 많다. 성희롱 · 성폭력 상담에서 내담자를 돕기 위해 상담자가 활용할 수 있는 유용한 기법들을 몇 가지 살펴보도록 하자.

1. 개방형 질문하기

상담자가 개방형 질문(Open Question)을 사용하는 것은 내담자로부터 명확한 답을 원하는 것이 아니라 내면에서 일어나는 것들을 탐색하도록 격려하는 것이다.

1) 의도

- 내담자가 자신들의 관심사를 개방하고 탐색하도록 돕기 위해 사용한다.
- 자신의 이야기를 함으로써 카타르시스를 느끼도록 한다.

- 자신의 말을 들음으로써 부적절한 사고를 명확히 하고 감정 파악과 몰입을 할 수 있도록 하기 위해 사용한다.

2) 왜 개방형 질문을 사용하는가?

- 내담자가 자신을 탐색하려 하지 않을 때
- 문제의 한 부분에만 초점을 맞추려 할 때

3) 개방형 질문을 하는 방법

- 관심과 친밀함을 전달하기 위해 어조를 낮게 유지하고 말의 빠르기는 느리게 해야 하며, 질문은 심문하는 것처럼 들리지 않도록 가정적으로 표현한다.
- 상담자는 지지적이되 비판적이지 않으며, 내담자가 무엇을 이야기하든지 격려해야 한다.
- 다양한 질문의 초점
  - 무엇에 대해 이야기하고 싶으세요? (탐색유도)
  - 그것이 의미하는 게 정확히 뭐죠? (명료화)
  - 최근에 일어난 것에 대해 이야기해 주세요. (내담자가 예를 들도록)
  - 그것에 대해 무슨 생각을 하나요? (사고에 초점)
  - 어떻게 느끼나요? (감정에 초점)
  - 그 상황에서 당신은 무엇을 했나요? (행동에 초점)
- 개방형 질문은 짧고 간단해야 한다. 여러 가지 질문을 한꺼번에 해서는 안 된다.
- 내담자에게 계속 집중해야 한다. 폐쇄형 질문은 삼간다.

4) 개방형 질문의 효과

개방형 질문이 도움이 되지 않으면 내담자는 응답하지

않거나 매우 최소한으로 응답한다. 적당히 도움이 되었다면 계속 이야기를 하지만 새로운 것을 탐색하기보다는 재표현하거나 반복을 유지한다. 매우 도움이 되었다면 그 문제에 더 깊이 빠져들고 더 철저히 그 문제의 다른 측면을 탐색한다.

5) 조언

- 질문을 확실히 개방적으로 한다.
- 항상 같은 질문을 하지 않도록 질문을 다양화한다.
- 응답할 기회를 주지 않은 상태에서 너무 많은 질문을 하지 않는다.
- '왜'라는 질문을 다른 유용한 형태로 전환한다.
- 던진 질문에는 목적이 있어야 한다.

2. 일반화 현상 다루기

1) 일반화 현상

- 지칭대상에 대한 일반화(예: 사람들은~, 내 친구들은~, 우리 식구들은~)
- 과장된 일반화(예: 모두, 누구나, 다, 한 사람도, 아무도, 전혀, 절대, 완전히 등)
- 구체화되지 않은 동사와 형용사

2) 일반화 현상 다루기

- 과장된 일반화를 덧붙여서 내담자의 일반화를 부각시키기
- 직면을 통해 절대적 일반화를 상대적인 것으로 바꾸기
- 반대되는 상황이나 경험을 생각해 보도록 하기
- '지금-여기에서'의 내담자 경험을 활용하기

내담자의 말에는 일반화 현상이 종종 발생한다. 이때 상담자는 이러한 사항들에 대해 질문을 제공함으로써 내담자의 생각을 구체화시켜 주어야 한다.

3. 재진술하기

재진술(restatement)의 사용은 내담자로 하여금 자신의 문제를 깊이 탐색할 수 있도록 하기 위한 의도를 가지고 있다.

1) 왜 재진술을 하는가

- 내담자에게 자신이 말한 것을 들을 수 있게 하는 방향판, 거울의 역할을 한다.
- 자신의 생각을 재평가할 수 있는 기회가 된다.
- 상담자가 적극적인 역할, 주의집중을 할 수 있도록 해준다.

2) 재진술하는 방법

- 내담자의 말을 모두 옮기는 것이 아니라 가장 중요한 것에 초점을 맞추기 때문에 내담자의 진술보다 짧고 간결하다.
- 내담자에게 초점을 맞추고 내담자가 계속해서 자신을 탐색하고 말할 수 있도록 격려해야 한다.
- 내담자가 말하는 핵심을 파악해야 한다.
- 재진술의 형태를 다양하게 한다(예: "내가 이해하기로는 당신이 말하고자 하는 것은~" "혹시 ~한 것은 아닌지요." "~하게 들리는데요.").

3) 재진술의 효과

- 아주 비효율적인 재진술 반응 후에는 내담자가 탐색을 멈춘다.

- 약간 비효율적인 재진술 반응은 내담자가 제자리 맴돌기를 하도록 만든다.
- 효과적인 재진술은 내담자가 고민하는 핵심의 정곡을 찌르고 내담자의 생각을 폭넓고도 구체적으로 말하게 한다.

4) 조언

- 내담자에 대해 섣불리 가정하지 않는다.
- 내담자의 말 중 가장 중요하다고 여겨지는 것을 재진술한다.
- 재진술은 되도록 짧고 간략하게 한다.
- 서둘러 반응하지 않는다.
- 내담자에게 초점을 둔다.
- 반복적인 반응을 줄이고 내담자의 언어구사 방식을 따른다.
- 재진술의 형태를 다양하게 한다(예: "~하게 들리는데요." "혹시 ~한 것은 아닌지요." "당신의 말은 ~").
- 재진술을 하기 전에 내담자가 더 할 이야기가 있는지 살핀다.

4. 감정반영

감정의 반영(reflection)은 내담자의 감정을 강조하며 진술들을 반복하거나 부연 설명하는 것이다. 상담자는 내담자가 감정을 파악하고 명료화하며 표현하도록 돕기 위하여 반영을 사용한다.

1) 감정반영의 이득

- 감정을 수용해야만 새로운 감정과 경험에 개방적으로

될 수 있다.

- 감정반영은 감정에 대해 질문을 받는 것보다 편안하게 느껴질 수 있다.
- 반영을 듣는 것은 내담자로 하여금 자신이 정말 느낀 것이 무엇인지 다시 생각하고 점검하게 한다.
- 반영은 상담자가 내담자를 이해하기 위해 활동적으로 임하고 있다는 것을 나타낸다.
- 상담자가 내담자의 느낌이 무엇이라고 생각하는지 명확히 말할 때 상담자가 이해하거나 이해하지 못했던 것에 대한 피드백을 내담자가 줄 수 있다.

2) 주의할 점

- 감정을 공유한 다음, 변화를 위해 동기화되어야 한다.
- 진정한 감정경험 없이 그것을 표현하기만 하면 문제가 될 수도 있다.
- 내담자가 극도의 감정적 위기를 겪고 있고 감정에 대해 논의하는 것이 통제할 수 없는 압박감일 때
- 내담자가 감정표현에 심한 거부감을 보일 때
- 감정을 살필 충분한 시간이 없을 때

3) 감정반영의 방법

- 당신은 ~ 때문에 ……을 느끼는군요(감정과 함께 감정의 원인 이야기하기).
- 당신은 어머니 때문에 화가 났던 것처럼 들리는군요.

  → 어머니에 대해 이야기하는 지금, 당신은 화가 난 것처럼 들리는군요(현재의 감정에 초점 맞추기).

4) 감정반영의 효과

- 반영이 정확하지 않거나 매우 유용하지 않을 때 내담자는 반응하지 않거나 상담자의 진술을 거부할 것이다.
- 반영이 어느 정도 효과적이라면, 내담자는 계속 이야기 하지만 자신의 감정 속으로 더 깊이 들어가려 하지는 않는다.
- 반영이 어느 정도 유용하다면, 내담자는 잠시 침묵한 후 "당신이 맞습니다. 나는 전에는 그것에 대해 그런 식으로 생각해 본 적이 없어요. 하지만 사실 그건 내가 느껴 온 감정이에요."와 같이 말할 것이다.

5) 조언

- 내담자가 가장 강렬하게 이야기하는 것을 찾는다.
- "당신은 ~ 때문에 ……를 느끼는군요."라는 형태를 사용한다.
- 과거보다는 현재의 경험을 반영한다(반영은 짧고 간결하게 유지한다.).
- 내담자에게 초점을 맞춘다.
- 형태를 다양화한다.

5. 해결중심 상담의 질문 기법

1) 피해자의 대처 방법을 파악하고 희망을 주는 질문 기법

"○○씨. 많은 사람들은 당신과 같은 상황일 때, 자신의 삶을 당신보다 훨씬 더 나쁘게 만들어 버립니다. 그런데 당신은 어떻게 더 나빠지지 않았죠? 더 나빠지지 않기 위해 무엇을 했나요?"

2) 피해자로 하여금 목표 상황을 상상하게 하는 기적 질문

기법

"이제 좀 다른 질문을 해 볼까 합니다. 이번에는 상상력을 발휘해야 할 것 같군요. 오늘 상담 후에 집에 가서 잠을 잔다고 상상해 보십시오. 잠자는 동안 기적이 일어나 당신을 여기 오게 한 그 문제가 극적으로 해결됩니다. 당신은 잠을 자고 있었기 때문에 이런 기적이 일어났는지를 모르겠지요. 그런데 아침에 일어나서 지난 밤 기적이 일어나 당신의 모든 문제가 해결되었다는 것을 어떻게 알 수 있을까요? 당신이 처음 무엇을 보면 기적이 일어났다는 것을 알 수 있을까요?"

3) 호소 문제 및 상담 목표 달성을 평가할 때 유용한 척도 질문 기법

"10은 당신이 상담실에 오게 된 그 문제를 해결했을 때, 당신이 삶에 만족하고 행복해 하는 정도입니다. 즉, 최상의 생활을 말하지요. 1은 상담 받을 약속을 하려고 전화를 들었을 때 상태가 가장 나빴던 때를 의미합니다. 지금은 문제가 1에서 10 사이 중 어디에 있다고 생각합니까?"

출처: 상담의 기술(주은선 역, 2001),
해결중심적 단기가족치료(가족치료연구모임 역, 1995)

(3) 종결상담

종결상담은 상담을 마무리 짓는 것이다. 내담자가 상담을 통해 상담 목표를 달성했다고 판단되면 상담을 종결한다. 이때, 상담은 종결될 수도 있고, 내담자의 요구안이 받아들여지

지 않거나 상담을 통한 자율적 해결이 실패한다면 지금까지 실시한 상담 내용을 바탕으로 사건 조사를 요청할 수도 있다.

① 문제해결 정도 평가

- 상담 접수 시 호소했던 내담자의 문제가 어느 정도 해결되었는지를 평가한다.
- 문제가 해결되었고 다른 상담 목표나 호소 문제가 없다면 상담을 종결한다.
- 상담의 접근 방법 및 절차가 성과를 거두지 못했다고 판단되면 다른 방법과 절차를 강구한다.

② 심리검사를 통한 내담자 적응도 평가

- 내담자의 심리적 적응 상태 등을 측정할 수 있는 다양한 심리검사 도구를 상담실에 비치하여 활용하는 것이 유용하다. 예를 들면, MMPI(Minnesota Multiphastic Personality Inventory), MBTI(Myers-Briggs Type Indicator), 집 나무 사람(House Tree Person) 그림 검사, 성의식 점검 검사, 사건 파악 질문지, 자기 이해를 위한 나 돌아보기 질문지 등을 활용할 수 있다. 내담자의 문제가 실제 사건 때문인지, 아니면 개인의 심리적 어려움에서 비롯된 것인지를 판단하여야 한다. 만약 상담이나 심리검사를 통해 내담자 개인의 부적응에 기인한 문제라고 판단되면, 상담자는 심리상담을 제공하거나 적절한 도움을 제공할 수 있는 기

관(교내 상담소, 외부 상담소, 기타 기관 등)에 의뢰한다.

(4) 상담 과정의 유의점

① 가해자에게 요구안을 받아들였을 때 유의점

- 요구안 이행 시기와 구체적인 방법을 정한다.
- 필요하면 합의서를 작성한다.
- 상담소는 요구안 이행을 모니터링한다.

② 비밀보장과 고지에 따른 동의

성희롱 · 성폭력 상담에서 가장 중요한 것은 비밀보장이다. 따라서 사건 당사자뿐만 아니라 사건 내용 자체에 대한 비밀이 유지되도록 최선을 다해야 한다. 기관 내에서 성희롱 · 성폭력 사건이 발생할 경우, 사건 당사자 이외의 주변 인물들이 사건에 대해 언급하거나 소문을 낼 가능성에 대해서도 염두에 두고 상담 및 조사 절차를 진행해야 한다. 일단 상담소에 사건 상담이 접수되면 비밀유지를 위해 상담소 차원에서 취할 수 있는 가능한 조치를 취하도록 한다(예: 해당 기관장에게 도움 요청, 사건 관련 당사자들에 대한 비밀유지 당부 등).

대부분의 피해자들은 자신이 전혀 드러나지 않고 문제가 해결되기를 바라지만, 현실적으로 피해자를 전혀 드러내지 않고 문제를 해결하는 것은 불가능한 경우가 많다. 문제를 해결하는 과정에서 필요(법적, 의료적 지원 및 안전의 문제 등)에 따라 내담자 관련 정보 및 상담 내용이 제공될 수 있으며, 이 과정에서 피신고인의 정보도 함께 제공될 수 있다는 점을 알려 주어야 한다. 따라서 상담소(상담자)는 비밀보장 문제와 관련하여 상담소 및 학교 당국이 취하는 방침과 상담이나 문제해결, 사건 조사 과정에서 발생할 수 있는 여러 상황에서의 제약점 등에 대한 정보를 내담자에게 제공해야 한다. 내담자에게 상담소의 사건처리 방향과 가능한 도움의 범위, 비밀보장의 한계, 내담자의 할 일 등에 대해 고지하고 동의를 받는 것이 필요하다. 이러한 절차를 고지에 의한 동의(informed consent)라고 한다. 이러한 고지와 동의 과정은 상담 초기에 진행되어야 하며, 기록으로 남겨 두어야 한다.

③ 가해자와 피신고인

상담 및 신고에 따라 피해자가 가해자로 지목한 사람을 '사실 확인' 절차 없이 가해자로 명명하는 것은 바람직하지 않다. 엄밀히 말하면 신고 접수 및 상담 과정에서 '가해자'라는 용어는 적합하지 않으며, 대신 '피신고인' '행위자' 등의 명칭을 쓰는 것을 권장하고 있다. 피해사실에 대해 상담 및 조사를 요청한 내담자를 '신고인'이라고 할 때, 행위자로 지목된 상대편을 '피신고인'이라고 부를 것을 권유한다. 가해자라는 명칭은 조사 결과 가해 사실이 밝혀진 후에 사용해도 늦지 않다. 이렇게 용어에 대해 언급하는 것은 상담 과정에서는 상담자가 사용하는 용어 하나도 민감한 사안이 될 수 있으며, 또한 상담자로서 어느 일방의 편에 서는 것이 아니라 (대학 및 직장) 공동체와의 관계 회복을 위해 최선을 다하기 위해서다. 다만, 아직까지 피신고인이라는 용어가 일반적이지 않으므로 본서에서는 편의상 가해 사실이 확인된 것을 전제로 하여 피신고인과 가해자의 의미를 포괄하여 '가해자'라는 용어를 사용하기로 한다.

2) 내담자 유형별 상담

대학 내 성희롱 상담은 내담자가 누구인가에 따라 피해자 상담과 가해자 상담, 그리고 기관 상담으로 구분할 수 있다. 내담자의 유형에 따라 상담 과정에서 알아야 할 내용이나 유의점을 살펴보자.

(1) 피해자(신고인) 상담

상담소 문을 두드릴 때, 피해자는 자신이 필요로 하거나 원하는 것을 이미 알고 있을 수도 있지만 전혀 인식하지 못하고 있을 수도 있다. 따라서 상담소는 상담 과정을 통해 피해자가 자신이 원하는 것을 명확히 인식하도록 도와주고 이러한 피해자의 필요(need)나 원함(want)에 대해 상담소(상담자)가 해 줄 수 있는 것과 없는 것, 그리고 학교라는 상황에서 가능한 점과 불가능한 점 등을 명확히 이해시켜야 한다. 피해자가 원하는 것으로는 심리적 지지, 가해자 처벌, 법적 · 의료적 지원,

피해 구제 및 보상 등을 예상할 수 있고, 그 밖에 다양한 요구나 원함 등이 있을 수 있다.

① 심리적 지지

- 경청하고 공감하기: 피해자는 여러 가지 고민 끝에 상담소의 문을 두드리므로 이러한 피해자의 상황이나 감정 상태에 대해 상담자는 경청하고 공감해 주어야 한다. 우선 상담소를 찾아온 것에 대해 격려한다. 또한 피해자가 미처 말로 표현하지 못하는 것도 경청을 통해 파악하도록 노력한다.
- 피해자의 상태 파악하기: 피해자는 불쾌하거나 충격적인 경험으로 외상후스트레스장애(PTSD: Post Traumatic Stress Disorder)를 겪고 있을 수도 있다. 따라서 피해자의 외양(의복과 두발 상태 등), 말의 속도, 얼굴의 표정, 손과 발의 움직임 등을 면밀히 살핌으로써 현재의 인지적 · 심리적 기능 정도를 판별한다.
- 자살 및 자해 가능성 점검: 피해자는 자기 비하적인 생각으로 자살을 생각할 수 있다. 자살 생각과 계획의 구체성, 자살 방법의 현실적 실현 가능성, 자살 준비가 어느 정도 행동에 옮겨졌는지, 자살 기도를 했다면 어디까지 진행되었는지 등을 평가한다.
- '원함' 듣고 확인하기: 피해자는 자신이 겪은 일이나 현재의 상황에 대해 서로 다른 다양한 요구를 가지고 있을 수

있다. 따라서 피해자가 생각하는 다양한 욕구나 바람들에 대해 살핀다.

- '원함' 의 우선순위 정하기: 피해자는 양립할 수 없는 상반된 요구를 가질 수도 있다. 이에 대해 상담자는 다양한 요구들 간에 우선순위를 설정하도록 도울 수 있다.
- 공통점과 차이점 살피기: 피해자가 여러 명일 경우, 각자의 상황과 원함의 공통점과 차이점을 살펴본다.
- 지원 여부 구분하기: 피해자의 원함에 대해 현실적으로 가능한 것과 불가능한 것, 현재 상담소(상담자)가 지원할 수 있는 것과 없는 것 등을 구분한다.

② 정보수집 및 제공

- 처리 절차 알리기: 내담자의 원함을 바탕으로 요구안을 작성하여 상대방에게 전달하여 상대방이 이 요구안을 이행할 경우 상담이 종료될 수 있으나, 만약 상대방이 이를 이행하지 않는다면 내담자는 조사처리 절차를 신청할 수 있음을 알려 준다. 이와 관련해 성희롱 · 성폭력 관련 규정 및 기관(학내)의 처리 절차에 대해서 다시 한 번 알려주는데, 조사위원회의 구성 요건과 절차, 조사위원회 결정 사항의 효력과 범위, 해결 과정에서 요구되는 사항들(진술서 제출, 증인 요청, 출석진술 등)이 해당된다.
- 해결방안 알리기: 상담을 통해 도출 가능한 당사자 간의 조정 수단으로, 사과문 작성, 가해자 교육 프로그램 이수,

시공간 분리, 학내 활동 정지, 금전적 배상 등의 방법을 도출할 수 있다.

- 장단점 알리기: 다양한 해결방안의 장단점을 피해자가 이해할 수 있도록 알려 준다.
- 발생 가능한 상황 알리기: 피해자의 희망대로 사건을 처리할 경우, 발생 가능한 상황에 대해 예측하고 알려 준다. 피해자들은 사건의 해결 방향에 대한 바람은 가지고 있으나 이것이 실현되었을 때 발생하게 될 부수적인 영향에 대해서는 미처 생각하지 못하는 경우가 대부분이다. 상담자는 이러한 경우의 수에 따른 문제점들을 예측하고 알려 주어야 한다.

③ 해결방안 선택

- 다양한 해결방안 중 내담자의 원함을 충족시킬 수 있는 해결방안 선택: 사과문 작성, 가해자 교육 프로그램 이수, 시 · 공간 분리, 학내활동 정지, 배상 등
- 상담 형태 및 기간 정하기: 만약 피해자가 조사사건으로 처리하지 않고 상담 차원에서 마무리하고자 할 경우, 상담을 단기, 혹은 장기간에 걸쳐 할 것인지를 결정한다. 이 경우 내담자에게 각각의 경우에 대한 관련 정보를 제공해야 한다. 사건마다 상황이 다를 수 있지만 가능한 범위에서 자세한 정보를 제공하는 것이 필요하다.

(2) 가해자(피신고인) 상담

① 심리적 지지

- 안정시키기: 가해자가 상담을 하는 경우는 대부분 피해자의 신고로 시작되는 경우가 많다. 가해자는 자신이 문제의 대상이 된 채 상담소를 방문한다는 것만으로 불안해하거나 분노하는 상황에 처하기 쉬우므로 일단 상담이 가능할 수 있도록 안정시키는 것이 필요하다. 가해자가 심리적으로 불안정하면, 자신의 정당성을 확보하기 위해 주변인들에게 사건에 대해 해명하려는 시도를 할 가능성이 높으며, 이 과정에서 피해자에 대한 2차 피해가 발생할 수 있다. 가해자가 자신의 잘못을 인식하는 경우도 종종 있지만, 대부분은 자신이 왜 상담소에 와야 하는지, 왜 피신고인이 되었는지에 대해 의아해 한다. 또한 어떤 면에서 오히려 본인이 피해자라고 생각하기도 한다.
- 경청하고 공감해 주기: 가해자도 관련 사건과 해결에 대한 자신의 해석과 의견이 있다. 가해자의 의견을 경청하며 가해자의 심리적 불안과 현실적 고민에 대해서도 경청할 필요가 있는데, 이는 문제해결의 실마리가 될 수 있다.
- 가해자에 대한 선입견 버리기: 대개의 경우 상담자는 피해자를 먼저 접하므로 사건과 관련하여 이미 선입견을 가지고 있을 수 있다. 피해자로부터 수집한 사건과 가해자에 대한 사전 정보로 자칫 가해자가 마땅히 받아야 하는

존중을 받지 못하는 경우가 종종 발생할 수 있다. 또한 상담자가 피해자에 비해 가해자에게 덜 친절하게 대할 수도 있다. 가해자도 한 사람의 내담자로 편견을 내려놓고 상담해야 하며, 가해자가 이용할 수 있는 서비스에 대한 자세한 안내와 도움, 권리 등에 대해 구체적으로 안내하고 상담해야 한다.

② 정보수집 및 제공

- 피신고인(가해자)의 인권 보호하기: 가해자로 신고되었더라도 정확한 사실 확인과 공식적인 조사 절차를 통해 가해 사실이 확인되기 전까지 정확한 사실관계에 대한 속단은 금물이며, 절차상 '피신고인'의 지위를 보장받는다. 상담소는 피해자를 지원하고 구제하는 것과 마찬가지로 가해자의 인권도 존중하고 보호해야 한다.
- 중립적인 자세 유지하기: 가해자에 대한 상담자의 개인적 감정이나 견해가 작용하지 않도록 주의한다. 상담을 하다 보면 가해자에 대한 전이(transfer) 현상이 일어나서 가해자에 대한 분노가 일어나거나 반대로 동정심이 작용할 수도 있다. 상담자는 상담 과정에서 일어나는 자신의 감정을 알아차리고, 이러한 감정이 가해자 상담에 영향을 미치지 않도록 해야 한다.
- 공정한 상담 및 조사에 대한 신뢰 확보: 대개의 경우 가해자는 상담자(상담소)에 대해 피해자를 일방적으로 두둔하는

곳으로 오해할 수 있는데, 이는 문제해결을 어렵게 한다. 가해자의 이러한 오해는 가해자로 지목된 것에 대한 불안에서 나온다. 상담자는 가해자의 주장을 경청하고 양측의 주장과 근거 자료, 사실 확인 절차 등을 통해 실제로 공정한 상담 및 조사가 이루어질 수 있다는 믿음을 주어야 한다. 가해자가 상담소를 믿지 못하거나 상담자가 피해자에게 동조되어 있다고 느낀다면, 문제해결의 실마리를 찾기가 어려워진다. 문제해결에는 가해자의 협조가 필수적이며, 무엇보다 가해자도 내담자라는 것을 기억해야 한다.

• **신고인(피해자)의 정보 보호**: 비자발적으로 상담을 온 경우, 내담자는 자신이 가해자로 지목되었다는 것에 대해 분노하며, 신고인이 제출한 신고서의 내용이나 진술서 등을 요구할 수도 있다. 그러므로 상담자는 피해자와 관련된 정보를 노출해서는 안 된다. 그러나 이 경우에 비밀보장의 규정을 설명하면서 가해자의 정보 또한 철저하게 비밀이 보장된다는 신뢰를 주는 기회로 삼을 수 있다. 가해자에게도 사건 관련 진술서나 관련 자료를 제출하도록 요청하고, 그러한 자료들이 사건을 공정하게 처리하는 데 도움이 된다는 것을 역설할 수 있다.

③ 해결방안 탐색

• **가해자의 변화를 토대로 한 해결방안 탐색**: 가해자의 경우,

처음에는 상담소 방문 자체를 꺼렸지만 상담이 진행되면서 심경의 변화 또는 문제해결에 대한 기대 등이 생긴다. 상담자가 상담 과정을 통해 가해자에게 신뢰를 심어 줄 경우, 가해자는 문제해결에 대한 희망을 가짐으로써 상담소의 안내에 적극적으로 따르게 된다. 가해자의 변화는 상담자의 경청과 공정한 태도, 가해자에게 필요한 도움과 정보 제공 등 지속적인 상담 과정을 통해 가능하다.

- 문제해결에 가해자 참여시키기: 가해자의 사실관계에 대한 인정, 피해자에 대한 이해, 이를 바탕으로 한 진심 어린 사과, 사과에 대한 실제적인 행동 및 책임 표현은 문제해결에 필수적인 사항들이다. 가해자가 이러한 적극적인 태도와 행동으로 문제를 해결할 수 있도록 안내한다.
- 주변 자원 활용하기: 피해자뿐만 아니라 가해자도 일단 사건이 발생하고 이것이 문제가 되면 당황하게 된다. 심각한 경우 공황(panic) 상태에 빠져서 이성적 판단이 불가능해지기도 하는데, 이때 주변의 인적 · 물적 자원을 활용하여 문제해결에 도움을 받도록 안내한다. 가해자에게 신뢰할 만한 주변인을 동석하도록 하는 것도 제안할 수 있다.

(3) 기관 상담

학내 기관(장)이나 학생 단체 등에서 성희롱 문제를 자체적으로 접수하여 상담소에 관련 사항을 문의해 오는 경우가 종종 있다.

① 심리적 지지

• 경청하고 공감하기: 일반적으로 기관 내에서 성희롱 · 성폭력 문제가 발생하면, 해당 기관의 담당자는 당황하게 된다. 특히 기관장이 이러한 문제에 대한 이해가 전혀 없거나 잘못된 통념을 가지고 있다면 성희롱 · 성폭력 문제를 난감하고 골치 아픈 문제로 여길 수 있다. 이와 같은 경우, 기관장은 해당 문제로 기관의 명예가 손상되거나 문제가 커질 수도 있다는 우려를 먼저 하여 문제를 해결하려고 하기보다는 회피하거나 일시적으로 무마하려고 할 수도 있다. 효율적인 상담을 위해서는 기관이 처한 상황에 대한 정확한 이해와 공감이 선행되어야 한다. 해당 기관의 명예를 헤치지 않으면서 문제를 해결할 수 있는 방법을 같이 고민해 주고 도움을 주도록 상담소가 노력한다는 것을 알려 줌으로써 담당자나 해당 기관장의 심리적 불안을 해소해 주는 것이 문제해결의 선행요건이 된다. 문제발생으로 당황해 하는 해당 기관의 내담자는 이러한 문제를 담당하고 해결을 도와주는 상담소가 있다는 것에 안도감을 느끼고 도움을 구하게 된다. 이러한 과정을 통해 해당 기관과 상담자는 문제해결을 위한 협력적 관계를 형성하게 된다. 가해자와 피해자가 속한 기관의 기관장의 이해와 노력은 성희롱 · 성폭력 문제의 합리

적으로 해결에 필수적 요소다.

② 정보수집 및 제공

- 문제해결을 위한 지침 제공하기: 먼저 상담소에서 제공하는 서비스의 범위와 문제해결 절차에 대해 자세하게 안내한다. 상담 및 조사 과정에서의 비밀보장, 다양한 해결방안 등의 구체적인 방법 등에 대한 정보를 제공한다. 성희롱·성폭력 문제해결의 어려움 중의 하나는 대개의 경우, 피해자와 가해자가 일상생활의 반경이 같거나 같은 공간에서 일을 하거나 업무 협조 관계에 있기 때문에 성희롱·성폭력 발생 이후 이러한 현실적인 문제가 얽혀 있는 것이다. 따라서 피해자가 신고를 원하지 않을 경우도 있다. 이러한 경우, 사건 당사자인 피해자나 가해자뿐만 아니라 제3자의 신고 접수도 가능함을 알린다. 예를 들면, 피해자가 두려움 때문에 신고가 불가능하다면 피해 당사자를 대리하여 주변인이 신고를 접수할 수 있다. 이러한 경우는 통상적으로 피해 당사자의 동의가 전제된다.
- 신고 관련 정보 제공하기: 기관의 경우는 중간 관리자 또는 책임자가 피해자를 대신하여 신고할 수 있다. 기관의 이러한 적극적인 조치는 기관의 구성원을 보호하고, 후일 발생할 수 있는 법적·의료적 분쟁에서 기관의 입장에 타당성을 확보할 수 있다. 또한 기관의 명예 훼손도 방지할 수 있다.

- 정보수집: 사건 및 사건 당사자들에 대한 정보뿐만 아니라 기관의 특수한 상황 등에 대한 정보를 수집한다.
- 정보 제공: 기관의 입장에서 문제해결을 위해 취할 수 있는 다양한 방법들에 대한 정보를 제공한다.

피해 당사자가 신고를 원치 않을 경우

주변인(상사, 기관장 등)이 성희롱 · 성폭력 문제를 알게 되었는데, 피해자가 신고를 원치 않는다면 어떻게 해야 하는가? 이런 경우, 문제를 알게 된 기관장은 갈등한다. 피해자의 원하는 대로 신고를 하지 않고 그냥 두자니 답답하고, 어떻게 해결해야 할지 막막하고, 그렇다고 신고를 하자니 막상 당사자가 원하지 않으니 일방적으로 신고해서도 안 될 것 같다. 이 경우, 기관장은 일단 문제발생을 인지했기 때문에 관련 문제해결을 위한 적절한 조치를 취하여야 한다. 피해자의 신고 의사 유무와 별개로 기관의 장으로서 성희롱을 방지하고 성희롱 발생 시 적절한 조치를 취하여야 할 법적 의무가 있다(「여성발전기본법」 17조의2). 단, 문제해결에서는 피해자의 의사가 중요하므로 피해자에게 문제해결의 중요성과 최선의 도움을 제공하기 위해 기관과 상담소가 노력할 것을 알리고 동의를 구하는 것이 필요하다. 대개의 경우 피해자의 신고 기피는 여러 가지 불안과 정보에 대한 부족 등이 이유인 경우가 많기 때문에, 이를 중심으로 상담소와 기관이 협조한다면 충분히 좋은 결과를 얻을 수 있다.

③ 해결방안 탐색

- 기관에 협조 구하기: 해당 기관이나 단체와 상담소가 유기적인 관계를 맺고 문제해결을 위해 협조할 수 있다. 대부분의 성희롱 사건이 가해자나 피해자가 소속된 기관의 협조가 문제해결에 필수적일 수 있다. 특히 문제해결을 위한 기관장의 의지가 중요하며, 상담소는 해당 기관과 문제해결을 공통의 목표로 공유하는 협력자나 지원자가 될 수도 있다. 기관 대 기관이지만 문제해결과 피해자 보호를 위해 때로는 비공식적인 협조가 요구될 수도 있다.
- 문제해결방법 알리기: 문제해결의 필요성과 기관이 취할 수 있는 다양한 방법을 알려 주어야 한다. 각기 다른 방안의 장점과 단점에 대해 정보를 제공한다. 문제를 무마하는 것은 해결이 아니라 또 다른 문제의 시작임을 인식시켜야 한다.

6. 심리문제 상담 전략

성희롱·성폭력 피해자와 가해자들을 상담할 때, 사건 처리뿐만 아니라 심리적 문제에 대한 별도의 상담 전략의 필요성을 느끼게 된다. 따라서 이 절에서는 현장에서 실무자들이 참고할 수 있도록 성희롱·성폭력 피해자와 가해자의 심리문제에 대한 상담 전략을 예시하고자 한다. Jongsma와 Budrionis (2003)는 자신들의 저서 『성폭력 피해자와 가해자를 위한 치료 지침서(*The Sexual Abuse Victim and Sexual Offender Treatment Planner*)』(박경 · 고정애 · 소용주 · 이명희 · 이화순 역, 2005)에서 성폭력 피해자와 가해자를 위한 개입 전략을 소개하고 있는데, 여기에서는 그들이 제시한 치료 지침 중 일부를 발췌 · 수정하여 소개하고자 한다. Jongsma와 Budrionis는 피해자와 관련된 대표적인 문제 영역으로 분노, 해리, 섭식장애, 정서조절 문제, 외상후스트레스장애, 자기비난, 자해, 사회적 철회, 신뢰감 상실 등을 제시하고 있다. 가해자와 관련된 대표적인 문제 영역으로는 분노, 인지왜곡, 부인, 이상 성행동, 죄책감과 수치심, 공감결여, 대인관계 문제 등을 언급하고 있다. 이러한 여러 가지 문제들 중 피해자와 관련된 가장 대표적인 문제인 분노(anger)를 중심으로 상담 전략을 제시하고, 가해자에 대해서는 가장 일반적으로 나타나는 부인(denial) 문제에 대한 개입 전략을 제시하고자 한다.

상담자의 활용 Tip

- 내담자에게 나타나는 행동상의 특징들을 파악한다.
  - 면담을 하거나 간단한 질문지 또는 심리 검사를 활용한다.
- 심리 문제해결을 위한 장기 목표를 세운다.
  - 단기 목표를 세우고 목표 달성을 위한 개입 전략을 실행한다.

1) 피해자의 분노 문제(anger difficult)

상담자는 피해자에게 나타나는 증상들을 기록한다. 이러한 특징들은 피해자의 진술 내용과 상담자의 관찰 등을 토대로 작성한다.

(1) 피해자에게 나타나는 행동상의 특징들

- 성폭력 경험 이후, 사건 직후뿐만 아니라 일정 시간이 지난 후에도 분노감정이 예측할 수 없이 올라온다.
- 성폭력 경험에 대한 분노를 억압하고, 그 결과 우울해지며, 자기 파괴적인 행동을 하거나 신체화 증상이 생긴다.
- 성폭력 가해자에 대한 분노, 해리를 나타낸다.
- 급성 스트레스에 따른 공격적인 행동을 한 경험이 있다.
- 사소한 노여움을 지나친 적대감으로 표현한 적이 있다.
- 이를 악물고 주먹을 쥐거나, 노려보는 눈, 시선을 회피하는 것 등의 긴장된 모습을 보인다.
- 수동공격적(passive aggression) 태도를 보인다.

기타 내담자가 보이는 문제나 증상들을 추가로 기록한다.

(2) 상담의 장기 목표

피해자의 증상과 특징을 근거로 다음과 같이 장기 목표를 설정해 본다.

- 자신의 권리를 알게 하고 자기고취와 치유를 위해 폭력에 대한 분노를 표현하게 한다.
- 강렬하고 잦은 분노의 감정을 줄이고 자신에게 일어나는 분노의 감정을 인식하고 적절하게 표현하는 능력을 키운다.
- 분노행동을 인식하고 수동공격적 행동과 억압을 적절한 표현으로 대체한다.
- 분노감정에 대해 자각하고 받아들이며 자기통제감을 향상시킨다.
- 분노감정을 효과적으로 조절하여 일상생활의 기능을 향상시킨다.

기타 상담 목표를 추가로 기록한다.

(3) 상담의 단기 목표와 상담자의 개입 12단계

장기 목표를 바탕으로 상담자 개입을 위한 단기 목표 및 전략을 다음과 같이 수립할 수 있다.

단기 목표	상담자의 개입
1. 자신이 경험한 분노를 이야기한다.	1. 피해자 감정의 단계를 탐색하고 분노에 대해 질문하고 폭행에 대한 인식을 돕는다.
2. 일상생활에서 분노를 촉발하는 원인과 대상을 알아본다.	2-1. 분노, 좌절, 초조를 유발하는 생각, 행동 상황에 대한 일기를 쓰게 한다. 2-2. 회기 내에 분노 대상과 원인을 목록화한다.

(계속)

3. 분노 표현 방식을 자각하고 이야기한다.	3-1. 약속을 지키지 않거나 치료자를 비판하고 분노를 폭발한 것이 치료자를 향한 분노의 전이라는 것을 직면하게 한다. 3-2. 분노조절 집단상담 등에 참여하도록 의뢰한다.
4. 어린 시절에 중요한 타인들의 분노 처리 방법을 어떻게 따라했는지 안다.	4. 가족의 분노 표출 방법을 탐색하고 어린 시절의 중요한 사람들의 분노 표출 방법을 알게 한다(부모, 양육자, 형제자매, 선생님 등).
5. 과거의 상처와 아픔이 현재 삶의 분노의 원인임을 안다.	5. 분노를 일으키고 상처를 준 삶의 경험 목록을 작성하게 한다.
6. 조절된 방법으로 자기주장을 하고 분노를 표현한다.	6. 피해자에게 자기주장 방법을 가르치거나 자기주장 집단상담 등에 참여하게 한다.
7. 분노감정에 대처하는 이완기법을 사용한다.	7. 분노감정이 일어날 때 대처하기 위해 피해자에게 이완기법(심호흡, 긍정적 심상, 근육이완)을 가르친다.
8. 분노감정의 부적절한 표현 방법이 자신과 타인에게 미친 부정적 영향에 대한 인식을 증가시킨다.	8-1. 자신에 대한 부정적 감정 때문에 부적절하게 분노를 표현한 적이 있는지 알아본다. 8-2. 자신의 몸과 마음에 대한 끊임없는 분노감정이 미친 부정적인 영향에 대해 알게 한다.
9. 분노 자극에 공격적이지 않은 방법으로 반응한다.	9. 분노가 일어날 때 감정조절하는 것을 격려하고 도와준다.
10. 가해자에게 편지를 쓴다.	10-1. 피해자의 복수계획, 폭력적인 환상, 분노감정을 표현하게 한다. 10-2. 상담 회기 내에 가해자에게 편지를 쓰게 한다.
11. 가해자를 용서하는 것과 주저하는 마음과 자신의 아픔을 쓴다.	11-1. 가해자를 용서하도록 압박하는 목록을 작성해 본다(가족의 압력, 경제적, 사회적 압박, 죄의식, 자기비난 등). 11-2. 가해자를 용서하는 것, 미루는 것, 다른 선택을 하는 것 등이 모두 피해자의 선택에 달려 있음을 인식시킨다.

(계속)

12. 가해자에 대한 분노를 통제하고 이야기할 수 있다.	12-1. 위험상황에 처했을 때 어떻게 적절한 반응이나 신호로 분노를 표현할지 상담자가 내담자와 함께 알아본다. 12-2. 분노가 지니는 긍정적인 면을 써 보게 한다(행동을 동기화시키거나 다른 유해한 행동을 방지하는 등).

2) 가해자의 부인(Denial) 문제

상담자는 가해자가 나타내는 증상들을 기록한다. 이러한 특징들은 가해자의 진술 내용과 상담자의 관찰 등을 토대로 작성한다.

(1) 가해자에게 나타나는 행동상의 특징들

- 성희롱 · 성폭력의 가해자임을 시종일관 부인한다.
- 일탈된 성적 환상이나 충동적 경험을 부인한다.
- 성희롱이나 성폭력이 피해자, 가족, 사회에 나쁜 영향을 주었다는 점을 부인한다.
- 적당히 구실을 대면서 잘못이나 범죄에 대해 일정 부분만 인정한다.
- 책임과 잘못을 최소화하기 위해 사실을 왜곡한다.

기타 내담자가 보이는 문제나 증상들을 추가로 기록한다.

(2) 상담의 장기 목표

증상과 특징을 근거로 다음과 같이 장기 목표를 설정해 본다.

- 성희롱 · 성폭력 행동에 대해 책임을 수용하고 실제로 실천에 옮긴다.
- 피해자에 대한 공감 훈련을 통해 부인하는 마음을 줄인다.
- 일탈된 성충동을 부인하는 것을 줄인다.
- 피해자 진술과 일치하도록 성희롱 · 성폭력에 대해 정직하게 기술하도록 한다.

기타 상담목표를 추가로 기록한다.

(3) 상담의 단기 목표와 상담자의 개입

장기 목표를 바탕으로 하여, 상담자 개입을 위한 단기 목표 및 전략을 다음과 같이 수정할 수 있다.

단기 목표	상담자의 개입
1. 성희롱 · 성폭력 행동의 책임을 수용하기 어렵다는 것을 안다.	1. 가해자가 책임지기 어려워하는 부분을 공감한다. 가해자가 피해자에게 행했던 성희롱 · 성폭력을 인정하는 것이 얼마나 힘든가를 이해한다.
2. 방어기제로 사용하는 부인에 대해 이야기한다.	2. 상담 초기에 부인하는 것은 일반적인 현상이지만, 부인하는 것이 문제해결에 부정적 영향을 줄 수 있음을 이해시킨다.

(계속)

3. 불편한 감정을 피하기 위해 부인하는 것을 이해하고 말한다.	3-1. 죄책감과 수치심을 피하기 위해 가해 행위를 어떻게 부인하려고 했는지 알도록 돕는다. 3-2. 가해자의 범죄적 행동과 인간으로서의 가치를 구별하여 지지한다. 가해자에 대한 존중과 더불어 가해의 심각성에 대해 토론한다.
4. 성적 학대 행동에 익숙해진 성적 행위와 환상들에 대해 적어 본다.	4. 성적 가해를 저지르기 쉽게 하는 행동이나 환상 등 10가지를 목록화하게 한다.
5. 피해 준 것을 부인하는 것이 또 다른 충격과 피해를 유발한다는 것을 안다.	5. 부인하는 것이 피해자에게 상처를 줄 수 있는 것을 목록화하게 한다(피해자의 자기비난, 사회적 비난, 가해자에 대한 공포 등).
6. 상담이나 문제해결 과정에서 계속 부인했을 때 오히려 가해자에게 불리하다는 점을 이해한다.	6. 부인이 어떤 부정적 영향을 주는지 깨닫게 한다(진행 과정의 지연, 불안 증가, 문제해결 어려움에 따른 피해 증가, 처벌 수위 가중 등)
7. 피해자를 성적으로 학대한 것에 대해 느끼는 양심의 가책을 이야기한다.	7. 피해자의 진술을 보고 피해자의 입장에서 성적 외상, 감정 등을 함께 탐색한다. 후유증에 관해 감정 반응을 탐색한다.
8. 성희롱 · 성폭력이 피해자에게 장기간 나쁜 영향을 주는 것을 목록화하고 피해자의 고통을 이해하기 위한 정확한 표현을 한다.	8. 가해자가 준 피해에 관한 성적 외상의 장기적 손상에 대해 목록화하고 탐색한다(감정적, 신체적, 사회적 피해 등).
9. 성희롱 · 성폭력에 대해 자세하게 쓰고 전적으로 책임을 진다.	9. 피해를 준 부분을 분명하게 쓰고 책임을 지며 심각한 피해를 준 것임을 알게 한다.
10. 피해자 입장에서 생각해 보고 느껴 보고 몸으로 표현하는 역할극을 해 본다.	10. 상담 과정 중 피해자의 역할을 해 보고 이때 느끼는 감정을 이야기하게 한다.
11. 피해자를 존중하고 소중함을 나타내는 말을 하고 사과 편지를 쓴다.	11. 피해자를 진심으로 격려하는 반응을 하고 가해자가 피해자의 명예회복을 위해 시, 그림 등을 그리고 사과 편지를 쓴다.
12. 상담 과정에서 배운 것을 말하고 기록해 봄으로써 재발 방지를 위해 노력한다.	12. 근본적인 문제해결을 위해 집단 상담이나 치료 등에 참여할 것을 권한다.

4 성희롱·성폭력 문제해결

이 장에서는 성희롱·성폭력 문제가 접수되었을 때 접근 가능한 타율적인 문제해결 방안들을 검토해 본다. 대학 내 시스템을 활용한 조사 절차와 외부의 제도적·사업적 절차를 통한 문제해결 방안을 살펴보고자 한다.

1. 타율적 해결: 조사

대학 내 성희롱·성폭력 사건의 조사 과정에 대해서는 가해자와 피해자 간에 편견과 오해가 많다. 가해자의 입장에서는 상담소에서 피해자의 신고를 먼저 접수했기 때문에 조사 과정 또한 이러한 연장선에서 피해자의 편에 서서 가해자를 일방적으로 처벌하기 위한 절차일 것이라는 선입견을 가질 수 있다. 한편, 피해자의 경우, 피해자의 사적인 정보가 과도하게 노출되는 것에 대한 우려와 조사위원들이 성폭력 문제에

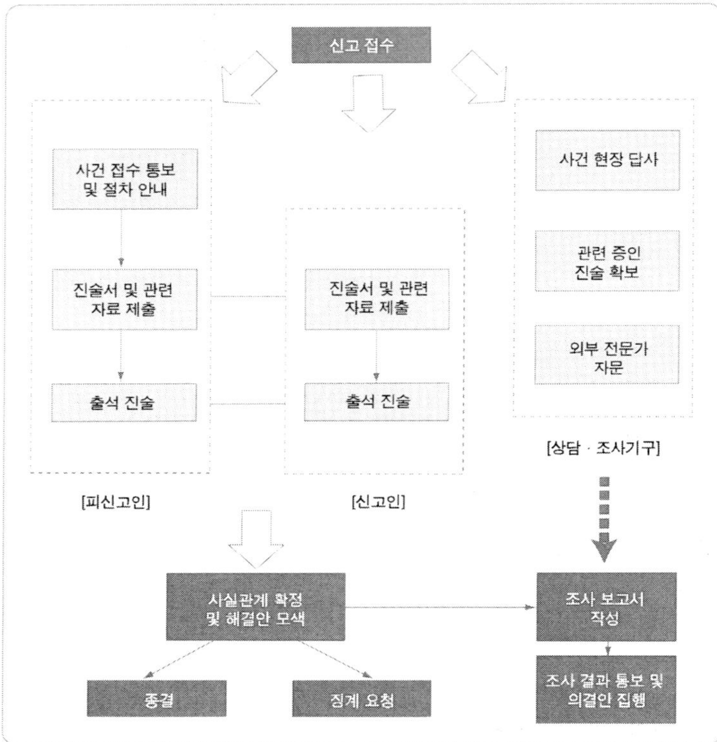

[그림 4-1] 대학의 성희롱 · 성폭력 사건의 조사를 통한 타율적 처리 과정

대한 편견을 가지고 문제를 판단하는 것은 아닌지에 대한 두려움을 가질 수 있다. 따라서 여기서는 대학 내에서 이루어지는 성희롱 · 성폭력 사건의 조사 과정을 신고 접수에서 문제해결에 이르기까지 각 단계의 내용과 유의점, 그리고 조사를 진행하는 기구(조사위원회)에 관한 내용까지 두루 살펴본다.

먼저 조사 기구를 거쳐 사건이 해결되는 타율적 방법의 구체적 절차를 살펴보면 앞의 [그림 4-1]과 같다.

1) 신고 접수와 유의점

(1) 신고 절차와 방식

- **신고인 범위**: 신고는 피해를 주장하는 당사자가 접수할 수 있으며, 상황에 따라 지도교수나 상급 관리자 등의 대리인이 접수할 수도 있다. 관련 규정은 대학별로 다양하나 다수의 대학이 당사자 외에 제3자의 신고를 허용하고 있다. 제3자 신고의 경우는 신고인과 피해 당사자의 관계와 신고에 대한 피해자의 동의 여부가 확인되어야 하는데, 이는 당사자의 동의와 협조 없이 조사 절차를 진행하기는 어렵기 때문이다. 또한 다수의 대학에서 사건의 당사자 중 어느 한쪽만이 구성원이라 할지라도 규정 적용이 가능한 것으로 명시하고 있다.
- **신고 방식**: 신고는 서류 작성 및 날인 후 제출을 통해 이루어져야 한다. 신고서 접수 이전의 사건 관련 면담 기록은 원칙적으로 상담 기록에 속하며, 비록 그 내용이 사건에 대한 중요한 서술을 포함하더라도 서면 신고 절차를 대체할 수는 없다.

  만약 신고인이 문서 작성을 하기에 물리적으로 불가능한 상황이거나 기타 불가피한 사정이 있다면, 상담자 참관하에 구술로 신고 접수를 할 수 있으며, 이 경우 녹음이 나 속기로 기록을 남긴다.

(2) 신고서의 구성 요소

대학의 성희롱 · 성폭력 상담소는 양식화된 신고서를 제작, 비치해 두어 필요시 신고인이 작성할 수 있도록 제공해야 하며, 신고서에 포함되어야 할 항목들은 다음과 같다(부록 3 참조).

① 인적 사항: 신고인 및 피신고인의 성명, 성별, 연령, 신분 및 지위, 소속, 연락처 등

신고인과 피신고인의 정확한 신원 및 소속을 확인하는 것이 가장 기초적이고 우선적인 과정이다. 신고인과 피신고인의 인적 사항은 당사자들 간의 지위 관계를 유추할 수 있는 기본적인 정보이며, 또한 사건의 성격과 사건에 대한 적절한 접근 방식을 판단하는 데 기초적인 정보를 제공한다.

관련 증인이나 목격자가 있는 경우 그 명단과 연락 수단을 확보하여 필요시 면담이나 출석 진술을 요청할 수 있도록 준비해야 한다.

② 사건의 기본적 특성: 사건 발생 일시, 장소, 횟수, 사건의 성격, 피해 내용 등

상세한 사건 내용은 신고 접수 후 진술서 확보를 통해 확인할 수 있으므로, 초기 과정에서는 사건의 성격 및 심각성에 대한 기초적인 정보를 확보하는 것이 목적이다. 이 항목은 다음과 같은 내용으로 구성될 수 있다.

- **사건 유형**: 신체적 접촉, 언어적 괴롭힘, 환경적 침해
- **반복성 정도**: 일회성, 반복성
- **피해의 특성**: 정서적 피해, 신체적 손상, 학업 · 직무상의 불이익

사건의 기본적 특성은 조사위원회 구성 시에 참조될 수 있으며, 또한 신고인에게 필요한 법률적, 의료적, 정서적 지원을 제공하는 데 필요하다.

신고인에 대한 지원은 조사 절차가 진행되기 전이나 진행 중인 시점에서도 제공될 수 있으나, 그러한 결정이 피해의 사실성을 확정하거나 조사 결과에 영향을 미치지는 않아야 한다. 또한 상담자는 절차상의 오해가 발생하지 않도록 신고인에게 서비스 지원이 조사 절차와 독립적으로 이루어질 수 있음을 설명해야 한다.

③ 신고인의 대응 전략과 효과: 사건 당시 신고인의 대응과 그에 대한 피신고인의 반응

일반적으로 성희롱 · 성폭력 상황에서 피해자의 가시적인 저항이 없었다는 것에 대해 피해자가 그 상황에 '동의'한 것

이라 볼 수는 없다. 따라서 이 항목은 '피해의 진정성' 여부를 판단하기 위한 것이 아니다. 이 항목은 피신고인이 신고인의 저항이나 거부에도 불구하고 계속적으로 가해 행위를 지속했는지를 판단하기 위함이며, 이를 통해 사건이 신고인에게 미친 위해의 정도를 파악하고 피신고인에 대한 적절한 교육적 접근 방식을 모색하기 위해서 필요한 부분이다.

④ 신고인의 인적 지원망: 사건에 대해 인지하고 있거나 도움을 줄 수 있는 주변인

다수의 피해자들이 일차적으로 주변의 친밀한 대상(친구, 가족)이나 신뢰할 만한 주변인(상급 관리자, 선배, 교수, 상담자, 의사 등)에게 자신의 문제를 사적으로 의논하는 것에서 문제해결을 시도하기 시작한다. 그리고 이러한 방식으로 사적인 도움을 요청받은 제3자를 통해 상담이나 신고가 접수되며, 이들은 피해자와 상담 기관 사이를 비공식적으로 연결하는 역할을 한다.

신고인이 현재 시점에서 접촉 가능한 지원자들을 파악하는 과정은 사건 해결 과정에서 두 가지 유용성을 지닌다. 첫째, 신고인의 피해에 대해 인지하는 개인이 누구인지를 앎으로써 사건 해결 과정에서 필요한 추가적인 정보를 그들로부터 구할 수 있다. 둘째, 이 대상들은 조사 절차가 진행되는 동안 발생할 수 있는 신고인의 정서적 부담을 덜어 주고 심리적 지지자로서의 역할을 할 수 있다. 대부분의 성희롱 · 성폭력 사건이 사실관계 입증과 해결안 도출에 이르기까지 상당한 시간이 소요되며, 그 기간에 신고인이 경험하는 상당한 수준의 정서적 부담은 사건 해결 과정에도 영향을 준다. 예를 들면, 누구에게도 자신의 피해 경험을 털어놓지 않고 혼자서 감당하는 고립된 신고인의 경우, 조사 과정에서 더 큰 스트레스를 경험하며, 성폭력 피해에 따른 외상(trauma) 또한 장기적으로 지속될 가능성이 높다. 이러한 경우, 상담자가 신고인에게 적절한 외부적 지원을 받을 수 있는 개인이나 기관을 연계해 주는 것이 필요하다.

(3) 유의사항

① 대학의 성희롱·성폭력 관련 규정과 처리 절차

모든 조사·처리 절차는 일차적으로 대학의 규정 및 지침 등에 따라 규정된다. 따라서 신고인이 명문화된 규정과 그 규정에 명시된 조사 절차를 숙지하고 조사 절차와 관련된 신고인의 의무와 권리를 정확히 이해할 수 있도록 정보를 제공해야 한다.

또한 사건 처리의 구체적인 절차와 신고인이 협조해야 할 사항(진술서 및 관련 자료 제출, 출석 진술 등)에 대해 구체적으로 고지하여 신고인이 이에 대비할 수 있도록 해야 한다.

② 신고인에게 보장되는 절차상의 권리 및 서비스

신고인의 권리는 대학의 규정에 따라 세부적인 차이가 있으나 일반적으로 보장되는 권리는 다음과 같다.

- 대리인 선정 및 동석
- 진술 및 자료 제출을 통한 자기 변호
- 절차 진행에 대한 정보를 제공
- 적절한 심리적, 법률적, 의료적 지원 제공

③ 신고인에게 부과되는 절차상의 의무 및 협조사항

신고인의 의무는 다음과 같다.

- 조사 과정에의 협조(진술서 제출, 출석 진술)
- (사건 관련 사항에 대한) 비밀유지

2) 고지와 피신고인 면담

(1) 고지 시점과 방식

① 고지 시점

신고 접수 절차가 마무리 된 후, 가급적 빠른 시일 안에 피신고인에게 사건 접수 사실을 알리는 것이 원칙이지만, 필요한 경우는 신고인에 대한 보호 조치를 먼저 마련한 다음 사건 고지를 시작할 수 있다.

피신고인의 진술서나 출석을 요청하는 내용이 포함된 경우라면 진술서 제출일이나 출석일로부터 최소한 7~10일 전에는 서류를 전달받을 수 있도록 해야 한다. 이는 공정한 조사 및 절차 진행을 위해 중요하며, 피신고인이 학교 당국이 자신이 권리를 침해한다는 느낌을 받지 않도록 하기 위해 필요하다(부록 4. 피신고인 안내문, 부록 5. 출석통지서, 부록 6. 피신고인 서약서 참조).

② 전달 방식

고지는 전화, 전자우편, 우편, 면담 등으로 이루어질 수 있는데, 적절한 고지 절차를 거쳤음을 입증할 기록을 남기는 것이 중요하기 때문에 가급적 서류 형태로 전달하고 피신고인이 이를 전달받았음을 확실히 할 수 있도록 내용증명(부록 7. 내용증명 참조)이나 인편 전달을 활용하는 것이 바람직하다. 효율적인 고지 방식은 상담자가 사전에 전화나 전자우편으로 사건이 접수되었음을 알리고, 간략히 사건 접수 일자와 간단한 개요를 고지한 후, 우편물을 발송하고 추후 상담자와의 면담을 주선하는 순서로 이루어진다.

※ 외국인이 사건 당사자인 경우
–공용어(영어)로 된 규정 마련
–사건 절차에 대한 안내
–통역인 대동에 대한 안내

(2) 고지 내용과 유의점

① 고지 내용

피신고인에게 전달될 고지 서류의 구성은 다음과 같으며, 고지 시점과 사건의 성격에 따라 다양한 조합이 가능하다.

- 신고 접수 안내문: 접수 일시 및 신고인 신원, 신고의 요지
- 대학의 조사 · 처리 절차 규정 및 안내문
- 조사 · 절차 과정에서의 피신고인의 권리와 의무
- 진술서 제출 요청서: 진술서 양식과 작성 원칙, 제출 일자 및 장소
- 출석 진술 요청서: 출석 일시 및 장소
- 상담 · 조사기구 안내 책자 및 사건 담당 상담자 명함

피신고인에게 보장되는 절차상의 권리 및 서비스는 다음과 같다.

- 대리인 선정 및 동석(대학의 규정에 따라 다름)
- 진술 및 자료 제출을 통한 자기 변호
- 절차 진행에 대한 정보 제공

피신고인에게 부과되는 절차상의 의무 및 협조 사항은 다음과 같다.

- 조사 절차에의 성실한 협조
- 사건 내용 및 신고인 신원에 대한 비밀유지
- 신고인 및 지원자(supporter)에 대한 보복 행위 금지

② 고지 범위와 유의사항

고지는 일차적으로 사건 관련 당사자들에게 이루어져야 하며, 필요에 따라 소속 학과나 기관에 협조를 요청하기 위해 신고 접수를 알려야 할 경우도 있다. 예를 들어, 신고 접수된 사건의 내용이 매우 위중하고 진술의 신빙성이 높다면, 신고인을 추가적인 위해로부터 보호하기 위해 조사 절차 진행 중 피신고인과의 공간 분리를 관련 기관에 요청할 수 있다. 그러나 그 과정에서 당사자들의 권익이 침해되지 않도록 고지의 범위를 최소화하는 것이 바람직하다.

피신고인에게 사건 접수를 알릴 때의 요령

어느 날 갑자기, '성희롱 · 성폭력 상담소'가 발신인으로 찍힌 우편물을 받았다고 해 보자. 그것도 본인이 직접 수령한 것이 아니라 가족이나 또는 직장 상사 등 타인이 우편물을 받아서 전달받았다고 생각해 보자. 우리 사회에서는 아직까지 성희롱 · 성폭력은 편안한 대화 주제가 되지 못하고 있다. 당사자로서는 더더욱 그러하다. 게다가 본인이 사건의 피신고인이 될 수 있다는 생각을 전혀 하지 못한 상황에서 이러한 상황이

발생하였다면, 매우 당황할 것이고 어쩌면 본인의 인권이 침해당했으며 그러한 상황에 대해 불합리하다고 생각하고 화가 날 수도 있다.

성희롱 · 성폭력 상담소에서 상담자로 근무하면서 가장 힘든 일 중의 하나는 아무런 준비가 되어 있지 않은 상대방에게 "당신을 피신고인으로 하는 ○○사건이 접수되었음을 알려드립니다."라고 하는 순간이었다.

신고 접수를 알리는 문서 발송 이전에 피신고인의 개별 전화로 접수 사실을 먼저 알리고 본인이 선호하는 문서 수령 방식을 선택할 수 있도록 배려하는 것도 피신고인으로 하여금 상담소에 대한 반감을 줄이는 방법이 될 수 있다. 예를 들면, 필자는 피신고인에게 본인이 원하는 수령 방법을 선택하도록 우선권을 주었다. 대부분 피신고인은 본인이 직접 상담소를 내방하여 고지서를 받겠다고 응답하는 경우가 많았다. 피신고인의 상담소 방문은 사건 해결을 위한 협조와 피신고인으로서의 유의사항을 전달하기에 좋은 기회이기도 하다. 상담자는 피신고인의 상담소 방문을 효과적인 문제해결을 위한 유용한 기회로 활용할 수 있다.

(3) 피신고인 면담

공식적인 조사 절차가 진행되기 전에 상담자는 피신고인과 면담할 수 있다. 피신고인 면담에서 기대되는 효과는 다음과 같다.

① 해결 방향 탐색

공식적인 조사 절차의 이전 단계에서 사건에 대한 피신고인의 입장과 태도를 파악하기 위한 것이며, 이는 공식적 절차를 거치지 않고 사건을 해결할 수 있는 가능성을 타진하기 위해서다.

일반적으로 피신고인은 공식적인 조사위원회 출석보다는 상담자와의 개별적인 면담에 좀 더 개방적인 자세를 보인다. 상담자는 피신고인과의 면담에서 사건에 대한 신고인의 솔직한 입장이나 태도를 알아볼 수 있는 기회를 갖게 된다. 상담자는 피신고인과의 초기 면담 과정에서 피신고인의 방어적 자세를 완화하고 사건 해결에 자발적으로 협조하도록 설득할 수 있다.

물론 피해의 정도가 심각하거나 가해가 반복적으로 이루어진 사건의 경우라면 앞서 언급한 모색은 바람직하지 않은 접근 방식이 될 수 있다. 그러나 비공식적 절차에 따른 해결은 신고인과 피신고인, 상담기구 모두가 공식적 절차에 따른 심리적 부담과 시간과 비용의 손실을 줄일 수 있다는 장점이 있다.

② 피신고인 상담 및 교육

상담자는 상담자의 입장에서 피신고인에게 문제해결을 위한 바람직한 태도와 전략에 대해 조언할 수 있다. 이러한 조언은 피신고인의 책임을 경감하거나 피신고인의 자기 정당화를 강화하는 방향으로 이루어져서는 안 되며, 다만 사건의 원활한 해결을 통해 당사자들의 정상적인 학내 생활 복귀를 돕기 위한 차원에서 제공되어야 한다.

③ 피신고인 권리 보호

상담자와의 면담은 학내의 성희롱 · 성폭력에 대한 대학 당국의 정책과 규정을 정확히 알리고 구체적인 조사 · 처리 절차에 대한 정보를 직접적으로 제공하여, 피신고인으로 하여금 조사 · 처리 과정에 대한 정확한 정보를 갖고 자신의 권리와 의무를 숙지할 수 있는 기회가 될 수 있다. 절차에 대한 설명과 당사자의 의무 및 권리에 대한 고지는 절차의 공정성을 뒷받침하는 데 매우 중요한 부분이므로 피신고인이 이를 충분히 이해할 수 있도록 구체적으로 전달되어야 한다.

3) 조사기구의 구성

(1) 의의와 구성

조사위원회란 성희롱 · 성폭력 사건의 조사를 전담하는 기구를 말한다. 각 대학의 규정에 따라 그 명칭이 조사위원회, 고충처리위원회, 성윤리위원회, 대책위원회, 심의위원회 등 다양하지만, 여기서는 그 기능에 초점을 맞추어 '조사위원회'로 명한다.

조사위원회는 크게 단일 위원회가 상담기구 운영과 사건 조사를 모두 담당하는 '조사 및 정책운영기구'의 유형과 정책

운영기구가 내부에서 별도의 조사 기구(소위원회 등)를 구성하거나 상담 기구가 자체적인 조사 기구를 구성하는 '조사 기구' 유형이 있다.

조사위원회의 인적 구성이나 역할 범위 및 기구 위상 등은 각 대학의 규정과 현실에 따라 다양하지만, 기본적으로 신고가 접수된 사건의 성희롱 · 성폭력 해당 여부를 판단하고, 그에 따른 적절한 해결 방향을 모색하는 것을 조사위원회의 기본 역할로 볼 수 있다.

정책운영기구가 조사 기구의 기능까지 통합적으로 담당하는 '조사 및 정책운영기구'의 경우 조사위원회를 따로 구성할 필요가 없는 반면, 독립된 '조사 기구'를 두는 경우는 조사위원을 위촉하고 조사위원회를 구성하는 절차를 거친다. 조사위원 선정 및 조사위원회 구성은 조사 절차의 시작이며, 조사위원회 구성에서 참조할 사항은 다음과 같다.

① 전문성

성희롱 · 성폭력 사건의 처리를 담당하는 조사위원은 신고인과 피신고인의 진술 및 증거 자료 등을 통해 정확한 사실관계를 파악하고, 이에 근거하여 적절한 해결책을 찾아내고 제안하여 양측의 입장을 조율할 수 있어야 한다. 따라서 조사위원은 대학의 행정 체계에 대한 경험과 지식, 성희롱 · 성폭력 피해자와 가해자의 정서적 · 인지적 특성에 대한 지식, 대학 내 성희롱 · 성폭력 문제 혹은 성 관련 문제에 대한 폭넓은 관점, 성폭력에 관련된 법률적 · 의료적 지식 및 훈련 경험 등 다양하고 전문적인 능력을 갖추어야 한다.

② 다양성

성희롱 · 성폭력 사건의 처리 과정에는 심리적, 의료적, 법률적, 행정적 및 문화적 차원의 다양한 쟁점들이 통합적으로 관련된다. 이러한 다양한 영역을 포괄하는 문제를 적절히 다루려면 다양한 배경을 지닌 사항들로 조사위원회를 구성하는 것이 효과적이다.

일반적으로 상담 전공자, 의학 전공자와 법학 전공자는 조사 과정에서 가장 기본적이면서 중요한 부분을 담당할 수 있으며, 그 구체적인 역할은 다음과 같다.

- 상담 전공자: 신고인과 피신고인의 인지적, 정서적 특성 파악
- 법학 전공자: 진술 및 증거 자료의 신빙성 판단, 적절한 징계 수준 판단
- 의학 전공자: 진단서, 소견서, 처방전 등 의학적 자료 해석

또한 조사위원회의 성별, 연령별, 지위 및 직급별 구성을 다양하게 하는 것이 성희롱 · 성폭력 문제에 관련된 집단 간의 인식 차이를 이해하고 조율하는 데 도움을 줄 수 있다.

그 외에도 사건의 성격에 따라 다양한 분야의 외부 전문가

들이나 학내 구성원을 조사위원회에 참여하도록 하는 것이 바람직하다. 예를 들면, 특정한 종교적 쟁점과 관련된 경우, 신고인이나 피신고인이 외국인인 경우, 기타 독특한 문화를 지닌 하위 집단 내부에서 발생한 사건인 경우는 관련 집단의 문화적 특수성에 친숙한 조사위원이 필요하다.

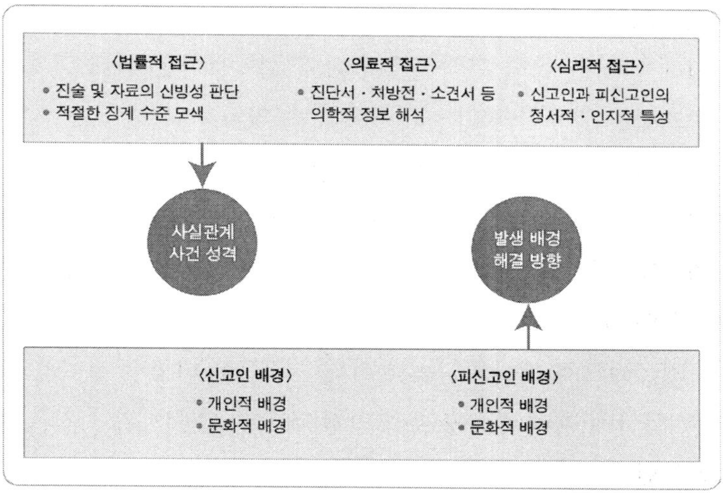

[그림 4-2] 조사위원회의 전문성 및 다양성의 필요성

③ 독립성

성희롱 · 성폭력 사건의 조사 처리는 신고인 및 피신고인의 지위나 명성에 관계없이 공정하고 객관적으로 진행되어야 하며, 대학의 명예를 위해 사건 처리를 기피하거나 특정한 방향으로 사건 해결을 유도해서는 안 된다. 이러한 비공식적 압력

혹은 개입은 신고인에게 부당한 처우이며, 또한 신고인이 학외 절차, 즉 민사 · 형사 소송이나 언론 쟁점화 등을 통해 문제해결을 시도할 가능성을 높일 수 있기 때문에 결과적으로 신고인, 피신고인, 대학 당국 모두가 더 큰 경제적 · 사회적 비용을 감당해야 하는 결과를 초래할 수 있다. 조사위원회의 독립성이 높아질수록 조사위원회의 기능에 대한 대학 구성원들의 신뢰도가 향상될 것이며, 이러한 신뢰도는 성희롱 · 성폭력 피해를 입은 대학 구성원들이 학외 절차보다는 학내 절차를 선호하는 중요한 요인으로 작용할 수 있다.

따라서 조사위원회는 물론 각각의 조사위원들은 성희롱 · 성폭력 사건에 대한 공정하고 객관적인 태도를 유지해야 하며, 이를 위해서는 일차적으로는 조사위원회의 독립성과 안정성이 요구된다.

기본적으로 조사위원들의 지위나 직급은 다양한 것이 좋지만, 사안에 따라서는 충분히 안정적인 수준의 지위와 직급을 확보한 위원들로 구성된 조사위원회가 필요할 수 있다. 조사위원 개인들의 학내 지위가 불안정할 경우, 조사 과정에서 발생할 수 있는 외부적 압력이나 개인적 부담을 적절히 통제하지 못하여 조사 업무에 부정적 영향을 줄 수 있기 때문이다.

조사위원 풀(pool) 제도

성희롱 · 성폭력 사건은 개별 사건마다 나름의 독특한 상황적 특성과 배경을 지니며, 특히 대학에서 발생하는 성희롱 · 성폭력 사건의 경우 교수 · 직원 · 학생 간의 다양한 역학 관계에 따라 매우 복잡한 양상을 띠게 마련이다. 따라서 각 사건의 성격에 특화된 조사위원회를 구성하는 것이 사건 해결을 위한 효과적인 접근 방식이 될 수 있다. 예를 들어, 다양한 이론적 · 실무적 배경을 지닌 대학 안팎의 인사들로 구성된 조사위원 풀(pool)을 선정하고 각 사건의 성격에 따라 조사위원을 선정하여 해당 사건을 조사 · 처리하도록 할 수 있다. 이 제도는 개별 사건에 따라 특성화된 조사위원 집단을 구성할 수 있다는 점에서 효과적이다. 그러나 한편으로 사건마다 조사위원이 달라짐으로써 조사위원 내부의 유기적 협력 관계를 형성하는 데는 단점으로 작용할 수도 있다. 따라서 대학에 따라서는 고정 조사위원을 1~2인을 정해 두고 이 고정조사위원들을 매 사건에 공통 투입하며, 그 외의 조사위원들을 사건의 성격에 따라 달리 선정하는 절충된 방식을 취하기도 한다.

(2) 역할

① 사실관계 확인

조사위원회는 일차적으로 신고인, 피신고인, 관련 제3자 등의 진술서와 제출된 관련 증거 자료 등을 검토하고, 필요시 신고인, 피신고인, 관련 제3자 등의 출석 진술을 요청하여 신고 접수된 사건의 구체적인 사실관계를 정확히 파악해야 한다. 이 과정에서는 발생한 사건에 대한 신고인이나 피신고인의 해석 혹은 입장에 앞서 정확한 사실관계가 드러날 수 있도록 하는 것이 중요하며, 조사위원들은 정확한 청취 및 해석을 통해 사건에 대한 종합적인 관점을 확립할 수 있어야 한다.

② 사건 규정 및 해결안 모색

정확한 사실관계를 파악한 후, 조사위원회에서는 사건의 성격 및 심각성을 판단하는 한편, 사건에 대한 신고인과 피신고인의 입장을 고려하여 사건에 대한 해결책을 모색할 수 있다.

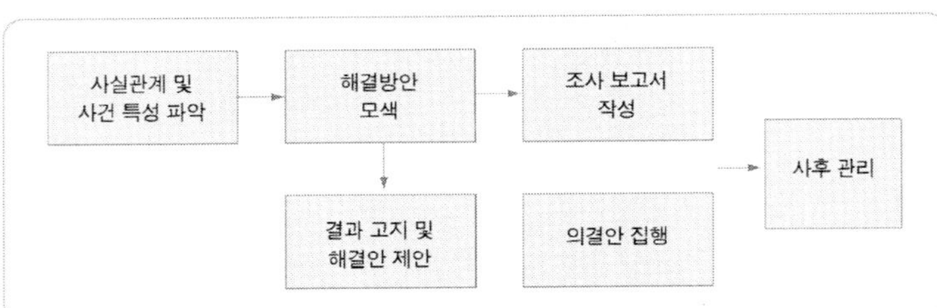

[그림 4-3] 조사위원회의 역할

조사위원회는 다음의 사항들을 종합적으로 고려하여 적절한 해결책을 모색한다.

- 사건의 특성 및 심각성과 반복성 정도
- 신고인과 피신고인의 지위 관계
- 신고인과 피신고인의 상황과 입장
- 대학의 성희롱 · 성폭력 관련 정책 지향

③ 조사 결과에 따른 의결안 집행

조사위원회 의결이 징계 요청으로 이어지는 경우, 조사위원회는 관련 기록물과 조사위원회 의결안을 징계위원회 제공하고 사건을 이관할 수 있다.

반대로 비징계적 해결 방식이 선택될 경우, 신고인과 피신고인 간의 개인적 합의 과정을 조사 기구나 상담 기구가 진행할 수 있다. 필요시 관련 기관이나 단과 대학의 행정적 협조를 요청할 수 있으며, 이 경우 신고인과 피신고인의 신변에 관한 비밀을 보장하여 추가적인 문제나 불이익이 발생하지 않도록 조처하는 것이 중요하다.

④ 기록 관리 및 사후 관리

모든 조사 처리 과정에서 발생한 서류 기록물과 접수된 진술서 및 증거 자료 등은 정확성과 기밀성이 유지되어야 한다. 증인 면담이나 조사위원회 회의록 등은 녹음 혹은 속기로 보관되어야 하며, 기타 사건 조사를 목적으로 취득된 관련 증거물과 자료들 및 개인 신상 정보들은 비밀로 유지되어야 한다.

조사 절차 종결 후 신고인과 피신고인이 합의 사항을 성실히 이행하는지, 필요한 행정적 지원은 안정적으로 이루어지는지, 징계 절차의 결과는 어떠한지 등을 지속적으로 관리하고 필요한 후속 조치를 해야 한다.

조사 사건 처리 순서

1. 신고서 작성: 파일 만들기(컴퓨터 및 서류 파일, 사건 일련번호 기재)
   - 상담일지 기록(전화, 면담, 전자우편 등)
   - 상담소 규정 및 처리 관련 사항 안내
   - 관련자들 연락처 및 신상 파악(결혼 여부 등)
2. 접수 공문 작성: 신고 접수 보고(내부 결재)
   - 사건 및 상담 기록지 작성하기
3. 당사자 통보: 전화 및 공문
   - 상담소 규정 및 처리 관련 사항 안내
   - 진술서(양식 보내기) 제출 및 출석진술 요청
   - 출석 요청 공문 수령 방식 안내(우편: 등기, 방문: 확인증), 출석 시 서약서
4. 조사위원회 개최
   - 날짜 및 장소 결정
   - 조사위원회 개최 공문, 위원 위촉 공문

- 회의록: 사건 관련 개요, 조사위원회 안건(신고서, 진술서, 기타 증거 자료 검토), 출석 진술

5. 조사위원회 결과지 기록
   - 조사 결과 요약서(1~2쪽), 녹취록
6. 조사 결과 통지서 작성
7. 조사 보고서 작성: 위원 서명
8. 조사 보고서 접수 내부 결재
9. 조사 결과 통지서 신고인 및 피신고인에게 공문으로 통보
   - 재심 요청 기간 고지(관련 규정 참조)
10. 징계 결정 시 상위 기관에 징계 요청 공문
   - 징계 요청 공문, 징계 요청서, 관련 서류

* 부록 8. 조사위원회 관련 각종문서 양식 참조

(3) 조사 절차

① 진술서 및 관련 자료 확보와 검토

- **진술서**: 진술서는 신고인, 피신고인 외 관련 증인들이 작성하여 제출할 수 있으며, 그 내용은 사건의 발생 일시, 장소 및 상황, 사건에 대한 구체적인 내용으로 이루어지며, 가급적 상세하고 구체적으로 서술되어야 한다. 진술서는 정확한 사실관계를 파악하기 위한 용도로 작성되어야 하며, 사건에 대한 개인의 해석, 감정, 희망 사항 등은 진술서가 아닌 상담 등의 다른 경로를 통해 전달되는 것

이 바람직하다. 시간이 지날수록 정확한 기억이나 진술이 어려워진다는 점을 고려하여, 모든 관련자들의 진술 기록은 가급적 빠른 시간 내에 받아 두는 것이 효과적이다. 진술서에는 제출인의 신원과 작성 일시가 정확히 명시되어 있어야 하며, 제출자는 직인이나 서명으로 진술서의 진정성을 보장해야 한다.

진술서 보충 절차

만약 제출된 진술서가 사실관계를 파악할 수 있는 정보를 충분히 담고 있지 않다면, 조사위원이나 조사 과정을 보조하는 상담자가 제출인과의 면담을 통해 진술서의 부족한 내용을 보충할 수 있다. 이 면담은 반드시 조사 업무의 권한을 지닌 담당자가 진행하여야 하며, 녹음이나 속기 등으로 정확한 기록을 남겨 진술서와 동등한 수준의 정확성과 진정성을 확보하도록 해야 한다.

- **의료적 · 법률적 참고 자료:** 신고인과 피신고인은 사건과 관련이 있는 범위 내에서 의료적 · 법률적 자료를 제출할 수 있다. 그 외에도 학외 상담 기관에서 상담을 받은 기록, 신경정신과 상담 기록, 전문의 소견서 및 처방전 등은 신고인 · 피신고인의 육체적, 심리적 상황에 관련된 정보

를 제공할 수 있으므로 확보해 두는 것이 유용하다.

•사건 관련 기록물 등: 그 밖에 사건과 관련된 사진 자료, 음성 녹음 파일, 통화 기록, 문자 메시지, 전자우편, 메모, 우편물 등도 중요한 자료로 활용될 수 있다. 예를 들면, 이러한 자료들은 사건의 발생 자체를 부인하는 피신고인이 조사 과정에 협조하게 만드는 증거 자료가 될 수 있다.

② 출석 진술

•목적: 신고인, 피신고인, 관련 증인 등은 조사위원회에 직접 출석하여 진술할 수 있다. 출석 진술은 신고인 진술, 피신고인 진술, 관련 증인 진술 간에 서로 불일치하는 부분들을 확인하여 사건에 대한 통합된 관점을 확보하기 위해 필요한 절차다.

또한 출석 진술은 신고인, 피신고인 모두가 각자의 입장을 조사위원회에 직접적으로 소명할 수 있는 자리로서 조사위원들이 신고인과 피신고인의 입장 차이를 확인하고 가능한 해결 방향에 대한 윤곽을 그릴 수 있는 출발점이 되기도 한다.

•출석 진술 고지: 출석 대상자들에게 출석 일시와 장소를 고지해야 한다. 출석 진술 요청을 위해서는 공식적인 문서로 출석 대상자에게 통보하는 것이 필요하며, 출석이 불가능할 경우 시간을 조정할 수 있는 장치도 마련해 두어야 한다. 따라서 적어도 출석 7~10일 전에 고지가 되

도록 일정을 조정해야 한다. 고지 내용에는 사건 관련 사항과 출석 진술을 요하는 사항, 기타 출석 진술과 관련된 제반 사항 등이 명기되어 있어야 한다.

- 사건 관련 사항: 신고인, 피신고인, 신고 일시, 신고 내용 등
- 출석 진술 관련 사항: 출석 진술 요청 근거, 출석 진술을 요하는 내용, 정확한 출석 일시와 장소
- 기타 사항: 문서 번호, 수신 대상, 발송 기관 주소 및 연락처, 문의처 등

• 자료 검토와 질문지 작성: 조사위원들은 신고인, 피신고인, 관련 증인들을 직접 만나기 전에 관련 자료를 검토하여 필요한 질문의 목록을 작성해야 한다. 출석 진술의 일차적인 목적은 정확한 사실관계를 파악하는 것으로 기존의 진술서와 자료들에서 모호하거나 모순적인 부분을 위주로 질문하는 것이 효과적이다.

출석 진술에서 다수의 위원들이 중복된 질문을 하지 않도록 각자의 역할을 사전에 적절히 배분하는 것이 효과적이다. 지나치게 반복적이고 긴 면담은 진술인을 지치게 하고, 자칫 조사위원회가 진술인에게 적대적인 태도를 취한다는 오해를 초래할 수 있으므로, 면담 시간과 흐름을 적절히 조절하는 것은 원활한 조사 절차를 위해 중요하다.

• 조사: 진술인이 입실하면 상담자가 진술인과 조사위원들

을 서로에게 소개하여 분위기가 지나치게 경직되지 않도록 한다. 조사위원들을 소개할 때는 간략하게 정확한 소속과 지위를 명시하여 진술인이 조사위원회에 대해 신뢰감을 갖도록 한다.

질문의 순서는 사건의 사실관계에 대한 것에서 시작하여, 상황에 따라 사건에 대한 개인의 입장이나 소명을 청취하고 의견을 교환하는 것으로 이어질 수 있다.

- 기록: 상담, 면담 등의 모든 절차와 마찬가지로 조사위원회 내용은 정확한 기록을 남겨야 한다. 이러한 기록은 기본적으로 대외비로 취급되어야 하지만, 필요에 따라 징계위원회 절차나 학외 기관의 법률적 처리 절차에 참고자료로 제출될 수 있다. 따라서 모든 회의 기록은 공식화된 양식으로 이루어져야 하며, 다른 기관이나 관련자가 열람할 때 관련 절차와 정보가 정확히 전달될 수 있도록 체계적으로 작성해야 한다.

4) 사건 규정과 해결안 모색

(1) 사실관계 확정 및 사건 특성 규정

조사위원회는 각 과정을 거쳐 신고인, 피신고인, 관련 증인 등의 진술서와 출석 진술의 내용 및 제출된 참고 자료들을 종합적으로 고려하여 구체적인 사실관계에 관한 하나의 통합된 개요를 구성해야 한다. 조사위원회는 사건의 개요와 특성에 대한 판단이 가능한 범위에서 조사를 마무리 짓고 가능한 해결안을 모색하는 단계로 넘어갈 수 있다. 대학의 성희롱 · 성폭력 사건 처리의 목적은 학교의 행정력이 미치는 범위 내에서 사건을 해결하고 신고인의 피해를 보상하여 정상적으로 학업 및 업무를 수행할 수 있도록 하는 것이다.

사건의 특성 및 해결 방식에 대해 모색하는 단계에서 참조할 사항들은 다음과 같다.

- 사건의 발생 배경
- 신고인과 피신고인의 지위 관계
- 사건이 신고인과 관련 집단에 미친 영향과 위해의 정도
- 피신고인의 책임 범위와 재발 가능성
- 피신고인의 태도와 개선의 여지
- 관련 집단의 성문화

만약 조사 결과, 해당 사건의 사실관계가 지나치게 불분명하여 사실관계의 진위에 대한 판단이 불가능하다면, 해당 사건은 그 단계에서 종결될 수 있다. 조사위원회는 그동안의 조사 과정 및 검토 자료를 정리하며 조사 보고서를 작성하고, 사건 조사의 중단 및 사유를 신고인과 피신고인에게 고지한다. 만약 사건 조사 절차의 종결 이후에 중요한 진술이나 증거 자료가 추가적으로 확보되면 중단된 시점부터 절차가 다시 진행될 수 있으며, 그 기한은 각 대학의 규정에 따라 다르다.

(2) 가능한 해결안 모색

사건에 대한 해결안은 하나의 제안보다는 비교 가능한 여러 개의 제안이 동시에 이루어지는 편이 바람직하며, 또한 각각의 선택지의 장점과 단점에 대해 신고인 및 피신고인에게 충분히 전달하는 과정이 필요하다.

사건 해결 방향에 대한 합의가 도출되면 조사위원회의 조사 과정은 종결된다. 조사위원회는 그동안의 과정과 관련 자료들을 재검토하여 조사 보고서를 작성하고, 신고인과 피신고인에게 결과를 고지한다.

도출 가능한 결과의 종류에서 가해자의 사과나 교육 프로그램 이수 및 가해자 상담, 시·공간 분리 등의 해결방안은 자율적 해결이나 타율적 해결 과정 모두에서 적용 가능하다. 즉, 타율적 해결방안을 선택하더라도 피해자의 회복과 가해자의 변화 가능성을 염두에 두는 것이다. 가해자가 피해자의 피해에 대해 금전적으로 배상함으로써 문제를 해결하고자 할 때, 상담 과정을 통해 중재할 수도 있다. 그러나 이 경우는 강제력이 없기 때문에 추후 발생할 수 있는 여러 가지 문제들에 효율적으로 대처하기가 어렵다. 따라서 금전적 배상은 공식적인 절차를 거치는 것이 바람직하다. 어떠한 결과를 도출했든 상담자는 합의된 사항이 잘 이행될 수 있도록 모니터링하는 것이 중요하다. 각각의 해결방안에 대해 간략히 살펴보면 다음과 같다.

① 가해자의 사과

가해자의 사과는 구두로 직접 이루어질 수도 있고, 사과문의 형태로 전달될 수도 있다. 사과문 전달 방법에는 가해자의 직접 전달과 상담소를 통한 간접 전달이 있다. 사과문은 가해자의 자발적인 의지와 노력으로 작성되어야 한다. 적절하지 못한 사과문은 결과적으로 피해자의 감정을 더 악화시킬 수 있다. 따라서 상담자는 가해자의 사과문에 대한 적절한 검토와 조언을 제공할 필요가 있으며, 이 과정을 통해 가해자에게 성희롱 · 성폭력 문제와 피해의 심각성에 대한 이해를 높이는 교육적 효과를 촉진할 수 있다. 사과문에 포함되어야 할 내용은 다음과 같다.

- 사건 발생에 대한 책임 인정
- 피해자의 피해와 감정 이해 및 수용
- 발생한 사건에 대한 가해자의 입장 및 태도
- 신고인의 피해에 대한 사과
- 재발 방지 약속

한편, 사과문에서 피해야 될 내용은 다음과 같다.

- 사건 발생 사실 부인과 가해자의 책임 회피
- 스스로에 대한 변명
- 신고인에 대한 비난이나 위협
- 피해자에 대한 이해가 선행되지 않은 과장된 표현의 사과

② 가해자 교육 프로그램 이수 및 가해자 상담

사건이 남성과 여성 간의 성적 기준의 차이나 집단적 문화의 영향으로 발생했다고 판단될 때, 교육 프로그램 참여는 가해자가 자신의 문제점을 인지하고 행동의 변화를 가져오는 데 효과적인 과정이 될 수 있다. 가해자 교육 프로그램은 성

〈표 4-1〉 성폭력 가해자 교육 프로그램 사례

	회기	목표	프로그램	기대 효과
초기	1	오리엔테이션 및 가해자 탐색	•프로그램 설명 •현재 상황을 위한 질문지	관계 형성
	2	사건에 대해 듣기	•기초 질문지 •상황 질문지	사건의 구체적인 탐색
	3	자신과 만나기	•문장 완성 검사	가해자 이해
중기	4 5	성폭력 개념 이해하기	•성의식 점검 검사 •성적 의사 결정 능력 검사 •성폭력에 관한 검사	성의식 점검 및 성폭력 개념의 정확한 이해
	6	나의 사건으로 성폭력 바라보기	•성폭력 사례	왜곡된 성의식 확인 및 성폭력 행위에 대한 책임 인정
	7 8	성폭력 피해자 공감	•연속선상의 성폭력 •성폭력 피해자의 글 •비디오에 관한 질문지	자신의 행위로 피해자가 육체적 · 심리적 · 정신적으로 어떤 고통을 당하고 있는지, 앞으로 어떤 영향을 받게 될지에 대한 이해
후기	9	'나' 돌아보기	•사건 발생 전 · 후의 감정 •행동, 사고에 대한 탐색	자기 수용
	10	새로운 삶 계획하기	•나의 행동 전략에 대한 점검 •교육을 마치며	행동 전략 및 평가

출처 : 성폭력 가해자 재범 방지를 위한 프로그램 매뉴얼(한국여성민우회, 2008).

에 대한 개인의 태도와 관점을 점검하여 보다 평등한 기준을 체득하고 실천하는 것을 목적으로 이루어지며, 사건에 대해 피해자의 시각에서 보는 과정을 프로그램의 내용에 포함하기 때문에 조사 과정에서 충분히 다루어지지 못한 교육적 측면들을 사후적으로 포괄할 수 있다.

교육 프로그램은 10~15회 정도로 구성될 수 있으며, 사건의 성격과 교육 대상자의 개인적 특성에 따라 차별적으로 구성될 수 있다. 교육 프로그램 이수 후의 가해자의 태도 변화를 보기 위해서는 담당 교육자의 보고서나 교육 참가자(가해자)의 소감문을 참조할 수 있다. 주로 가해자 교육 프로그램의 경우 외부 전문 기관에서 이수하도록 하고, 이수 비용을 가해자가 지불하도록 함으로써 자신의 행위에 대한 책임성을 느끼도록 하는 방법도 있다.

③ 시공간 분리

시공간 분리는 피해자의 회복과 정상적인 학업 및 업무 활동을 위해 필요한 조처이며, 그 기간이나 방식 등은 사건 별로 다르게 나타날 수 있다. 학생의 경우 시간표 조정과 활동 공간 조정으로 서로 대면할 가능성을 최소화할 수 있다. 예를 들어, 학사일정상 조정 가능한 기간일 경우, 피해자가 수강하는 학과목을 가해자가 수강하지 않도록 하는 방법, 피해자의 활동 장소(동아리방, 학과 사무실 등)에 일정 기간 가해자가 출입하지 않도록 하는 방법 등이 있을 수 있다. 이러한 조정이 제대로 지켜지기 위해서는 상담자 또는 조사 기구의 지속적인 확인과 개입이 필요할 수 있다.

④ 학내 활동 제한

신고인과 피신고인의 시공·간 분리를 좀 더 확실하게 보장하는 것에는 피신고인이 일정 기간 학내 활동을 할 수 없도록 제한하는 방식이 있다. 학생의 경우 휴학이나 연수 등을 통해 학내 활동의 가능성을 차단할 수 있고, 교수의 경우 안식년 등의 제도를 활용할 수 있다. 이러한 조치는 외부적으로 피신고인의 활동 정지 사유를 노출하지 않으면서 피해자의 안정적인 학내 활동을 보장할 수 있다.

⑤ 배상

성희롱·성폭력 사건이 피해자에게 미칠 수 있는 영향은 가벼운 불쾌감부터 심각한 정서적 부작용까지 다양하다. 피해자의 피해에 대해 가해자가 금전적으로 배상하는 것도 하나의 해결방법이 될 수 있다. 예를 들어, 피해자가 전문적인 상담과 치료를 필요로 하는 상황일 경우, 그에 따른 비용을 가해자가 부담하게 하는 방법이다. 이러한 비용은 실제로 적용될 수 있는 치료의 종류와 기간에 따라 다르게 산정되며, 전문의의 자문을 근거로 하여 책정되는 것이 바람직하다. 배상금이 지불되는 방식은 가해자가 피해자에게 직접적으로 전달하기보다는 상담소를 통하거나 치료기관에 보내는 방식 등을 취하는 것이 좋다.

⑥ 징계 요청

징계 요청은 사건으로 발생한 피해의 정도가 매우 심각하거나, 피신고인의 가해 행위가 기관 혹은 감독자의 개입에도 불구하고 지속적으로 반복된 경우에 취해질 수 있는 조처다.

징계 요청 절차는 피신고인의 지위에 따라 다르다. 일반적으로 학생의 경우 학생징계위원회의 의결을 거치며, 교수나 직원은 국립대학교의 경우 공무원 징계 규정을 상위 규정으로 활용할 수 있고, 사립대학교의 경우 관련 법령 및 자체 징계 규정을 활용할 수 있다.

(3) 조사 보고서 작성

조사절차가 종결되고, 사건에 대한 규정 및 해결책에 대한 합의가 이루어지면 조사 보고서를 작성한다.

조사 보고서에는 다음과 같은 내용이 포함될 수 있다.

1. 사건 번호
2. 사건 접수 일자 및 담당 상담자
3. 조사위원회 구성 일시 및 위원 명단
4. 신고인과 피신고인 및 관련 증인들의 신원 관련 정보
5. 조사 일지(조사 회의록 첨부)
6. 사건 개요와 성격 및 판단 근거(관련 자료 목록 첨부)
7. 사건에 대한 조사위원회 의결안
8. 의결안의 집행 계획
9. 사후 관리

(4) 결과 고지 및 집행

조사가 마무리되면 신고인과 피신고인에게 조사의 결과를 문서 형태로 전달하여 확인하게 한다. 재심 규정이 있는 대학의 경우, 신고인과 피신고인에게 합리적인 이유가 있으면 재심을 요청할 수 있음을 알리고 재심 요청의 기한을 명시해야 한다. 일반적으로 재심 요청은 조사 절차 진행에서 한쪽 당사자의 권익이 명백하게 침해되었거나, 조사 종결 후 사건에 대한 판단에 영향을 미칠 수 있는 중요한 증거 자료 혹은 증

〈표 4-2〉 조사 보고서 양식(예시)

조사 보고서

1. 기본 정보
   - 신고 접수 일자 및 담당 상담자
   - 신고인 및 피신고인 인적 사항
   - 담당 조사위원 명단
2. 조사 일지 및 사건 개요
   - 조사 일지 •면접 대상 및 일지
   - 검토 자료 목록 및 개요
3. 조사위원회의 판단과 처리 의견
   - 사실관계에 대한 판단 및 근거
   - 결론 및 처리 의견
4. 조사위원회 의결안 집행 계획
5. 기타(참고 사항)

위의 조사 보고서 내용이 사실임을 동의합니다.

조사위원장	(인)		담당 상담자	(인)
조사위원	(인)	(인)	(인)	(인)

ㅇㅇ대학교 성희롱 · 성폭력 상담소

인이 등장하는 경우에 수용될 수 있다.

2. 제도적 해결: 정부 관련 부처를 통한 해결

1) 국가인권위원회를 통한 해결방법

(1) 고려 사항

- 국가인권위원회법 적용 대상에 해당되는지의 여부 확인
- 신청 기간: 인권침해, 차별행위가 일어난 날로부터 1년 이상 지나지 않은 사건(공소시효가 끝나지 않은 사건으로서 위원회가 조사하기로 결정한 경우는 1년이 지난 사건일지라도 예외적으로 조사할 수 있음)
- 제외 대상: 다른 법령에 따라 처리되었거나 절차가 진행 중인 사건은 다루지 않음

(2) 접수 방법

① 인권상담

전국 어디서나 국번 없이 1331

② 진정 접수

직접방문, 전화, 우편, 전자우편, 팩스, 홈페이지

- 전화: 전국 어디에서나 국번 없이 1331
- 우편/방문: (우 100-842) 서울특별시 중구 무교동길 41

금세기 빌딩 701호(을지로 1가 16번지) 국가인권위원회 인권상담센터

- 팩스: 02-2125-9811, 02-2125-9812
- 홈페이지: www.humanrights.go.kr
- 전자우편: hoso@humanrights.go.kr

③ 사건 조사

- 각 조사 본부에 이송된 사건은 담당 조사관이 조사 진행
- 진정인 · 피해자 · 피진정인 또는 관계인에 대해 진술서 및 자료제출을 요구. 필요할 경우 조사사항과 관련이 있는 장소 · 시설 · 자료 등에 대한 실지 조사 실시
- 진술서만으로 사안 판단이 어려울 경우 출석조사 요청 가능. 정당한 이유 없이 조사를 거부할 경우 과태료 부과
- 조사기간: 약 3개월 이내(필요시 연장 가능)

④ 조정

- 당사자의 신청 또는 직권으로 진정 사건을 조정위원회에 회부할 수 있음
- 조정위원회는 당사자 또는 관계인의 진술 청취 등을 통해 당사자들의 합의가 이루어질 수 있도록 함
- 합의가 이루어지지 않는 경우 조정에 갈음하는 결정을 하거나 조정위원회 회부 직전의 조사 또는 심의 절차로 돌아가 진정 사건 처리 진행

⑤ 위원회 의결

- 위원회(전원위원회, 상임위원회, 소위원회)는 진정 사건에 대한 조사 내용을 심의하여 권고, 기각, 각하, 합의권고, 이송 등의 결정을 내릴 수 있다.
- 권고: 인권침해 또는 차별 행위가 일어났다고 판단할 경우 피진정인 등에게 필요한 구제조치 및 법령 · 제도 · 정책 · 관행의 시정을 권고인권침해에 책임이 있는 자에 대한 징계를 권고할 수 있고, 진정의 내용이 범죄 행위에 해당하고 이에 대해 형사 처분이 필요하다고 인정할 때는 검찰총장에게 그 내용을 고발할 수 있다. 또한 권리구제를 위해 필요하다고 인정할 경우 피해자에 대한 법률구조를 요청할 수 있다.
- 기각: 진정 내용이 사실이 아니거나 인권침해 또는 차별 행위에 해당하지 않을 경우, 별도의 구제조치가 필요하지 않다고 판단되는 경우는 진정 사건 기각
- 각하: 법 제32조 제1항 각호에 해당할 경우는 각하

⑥ 당사자 통보

- 위원회는 심의 · 의결 후, 진정인에게 사건처리 결과 통지서를 송부한다.

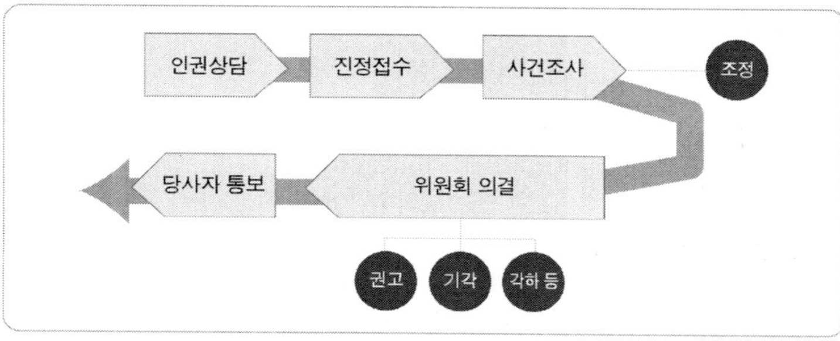

[그림 4-4] 인권위원회 진정처리 절차

(3) 상담자 유의사항

- 진정 접수 후 조사관 배정까지 일정 기간 소요, 조사관 배정 여부와 조사관을 확인한다.
- 진정 시 가급적이면 담당 조사관과 직접 만나 진술하는 것이 좋다.

2) 노동부를 통한 해결방법

(1) 고려사항

- 진정 시한: 피해 발생일로부터 3년 이내
- 신청 자격: 관계 당사자(근로자, 사업주, 노동조합 등)
- 소요 기간: 신청 후 25일 이내에 조정 권고안이 당사자에게 전달됨(휴일 제외)

(2) 접수 방법

- 전화, 인터넷, 팩스, 직접 방문
- 전화: 전국 어디서나 국번 없이 1350, 1544-1350
- 인터넷: e-노동민원센터(http://minwon.molab.go.kr/)
- 팩스: 해당 지방노동사무소
- 직접 방문: 해당 지방노동사무소

(3) 상담자 유의사항

- 사업주 및 성희롱 가해자를 상대로 민사상 손해배상 청구소송을 제기할 수 있다. 이 경우 다른 민사소송과 달리 사업주가 입증책임을 지닌다.
- 전자민원으로 신청할 경우, 실명인증(공인인증서)이 필요하다.
- 제3자(예: 거래처 관계자, 고객 등)의 성희롱은 다루지 못한다.

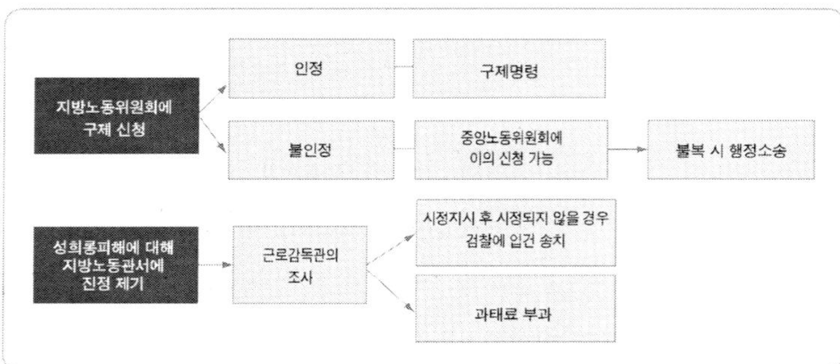

[그림 4-5] 노동부를 통한 해결방법 절차도

3) 교육과학기술부를 통한 해결

(1) 고려사항

•범위: 가해자가 국공립학교 교사인 경우

•관련 법 규정: 「국가공무원법」, 교육공무원 징계령, 교육공무원 징계양정 등에 관한 규칙(별표의 제7호 품위유지의무위반－성희롱, 성폭력)

(2) 처리 절차

•교육청 초 · 중등 교육과에 신고(사안보고) → 조사 → 징계위원회에 회부

•감사담당관실: 성희롱 사건 전담반(국 · 공립고등학교 해당, 초 · 중학교나 사립학교는 특별한 경우에 해당)

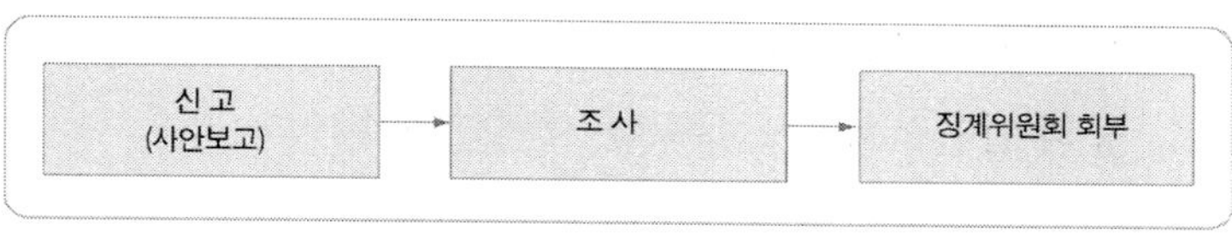

[그림 4-6] 교육과학기술부를 통한 해결방법 절차도

(3) 상담자 유의사항

•현행 제도상 감사의 초점은 '공무원 품위유지'에 맞추어져 있다.

•사립학교의 경우, 교원 인사 징계권이 교장에게 있으므

로 교내에서 처리되는 경우가 일반적이다.

3. 사법적 해결

1) 고려사항

- 사법적 해결을 위한 기본 사항(고소기간, 공소시효, 고소 주체, 증거, 증인, 참고 자료 확보 등) 점검
- 고소 시 겪을 수 있는 어려움과 고소 과정이 피해자에게 미치게 될 긍정적, 부정적 영향에 대해 검토
- 무고, 명예훼손 등 역고소의 우려에 대해 검토
- 성폭력 피해에 대해서는 국내인 뿐만 아니라 외국인 여성을 포함해 가정폭력, 성폭력, 성매매 등 폭력으로부터 피해를 입은 국내 거주 여성은 폭력의 피해와 관련된 민사 · 가사 사건에 대한 소송 대리, 형사 사건에 대한 변호 등의 법률서비스도 무료로 지원받을 수 있다.

2) 성폭력 피해자가 고소를 할 경우 수사 절차

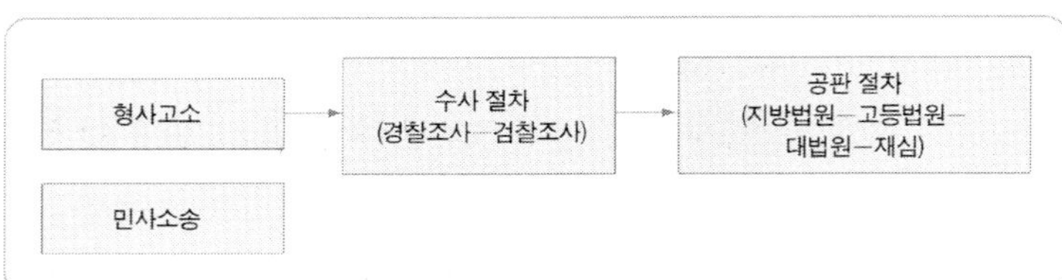

[그림 4-7] 사법적 해결방법 절차도

(1) 형사고소 방법과 절차

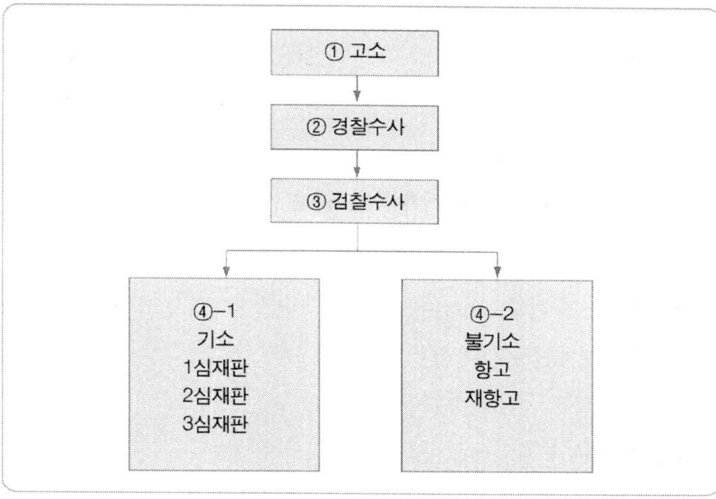

[그림 4-8] 성폭력 사건 수사 및 고소 절차(한국성폭력 상담소, 2007a)

① 고소

•경찰에 고소장 접수, 피해자 · 가해자 사건발생 주소지 관할 경찰서에 접수함

② 경찰수사

•고소인 조사: 고소장 접수 후 1~2개월 안에 고소인을 소환하여 조사

•조사 후 진술 조서에 서명: 진술내용이 바르게 전달되었는지 확인 · 정정 요구

- 경찰이 피의자(가해자)를 소환하여 조사하고 증거 수집
- 피의자가 부인할 경우 목격자 및 증인 소환 조사
- 경우에 따라 차이가 있지만 대략 1~3개월 이내에 종료됨
- 수사결과 피의자에게 혐의가 없다고 인정되면 불기소 의견으로 검찰에 송치함
- 혐의가 있다고 인정되면 검찰에 피의자에 대한 구속영장을 청구함
- 검찰이 경찰의 요청에 따라 판사에게 구속영장을 발부받아 피의자를 구속함

③ 검찰수사

- 경찰로부터 사건을 송치받은 후 필요에 따라 보강수사 후 기소 여부 결정
- 보강 수사 시 고소인과 피의자에 대한 재조사를 실시함
- 경우에 따라 차이가 있지만 대략 1~3개월 이내에 종료됨

④-1 기소

- 검사가 수사한 결과 피의자에게 범죄혐의가 인정되어 재판에 회부하는 절차임

④-2 불기소

- 무혐의: 피의자에게 혐의가 없을 경우

- 기소중지: 피의자나 목격자가 출석하지 않아 혐의의 유·무를 밝힐 수 없는 경우
- 기소유예: 혐의는 인정되나 사안이 매우 경미한 경우

⑤ 항고

- 불기소 처분에 이의가 있을 때 고소인은 사건 처리 결과 통지서를 받은 날로부터 1개월 안에 수사한 검사가 속한 지방검찰청을 통해 관할 고등검찰청에게 재수사를 요청

⑥ 재항고

- 항고가 기각되면 역시 1개월 안에 검찰총장에게 재항고

⑦ 헌법소원

- 재항고 기각 통지를 받고 30일 안에 헌법재판소에 헌법소원을 제기
- 경제적 이유로 변호사를 선임할 수 없을 때는 헌법재판소에 국선 대리인을 신청

(2) 민사소송을 제기할 경우

- 손해배상 청구 시 주의점(고소 기간, 가해자가 공무원일 경우 국가상대 손해배상 청구 가능성 등) 검토
- 가압류 절차 관련 정보 제공하기
- 합의 시 주의점(이후 후유증 발생에 대한 고려, 공증, 대리인

증명서 등) 검토

3) 상담자 유의사항

수사 절차에서 다음과 같은 피해자의 권리에 대해 알려 준다.

- 여성 경찰관 배정 요청
- 수사 과정이나 재판과정에서 신뢰할 수 있는 자와의 동석 요구
- 피해 사실이 노출되지 않을 권리
- 검사로부터 기소여부를 통지받을 권리
- 친족 성폭력 피해자일 경우: 친권자로부터의 친족 성폭력이 있을 경우 친권상실 요청, 친족성폭력 피해 치유를 위한 개명허가 신청

5 사이버 성폭력

1. 사이버 성폭력

최근 정보통신이 발달하면서 정보통신 매체를 이용한 성폭력이 심각한 문제로 대두되고 있다. 특히 사이버 공간에서의 성폭력이 문제가 되고 있으므로, 사이버 성폭력의 정의와 문제 발생 시 상담 방법에 대해 알아보고자 한다.

1) 사이버 범죄

사이버 성폭력은 사이버 범죄의 하위 유형 중 하나다. 사이버 범죄는 크게 두 가지로 나뉜다. 첫째는 해킹, 바이러스 유포와 같이 고도의 기술적인 요소가 포함되어 정보통신망 자체에 대한 공격 행위를 통해 이루어지는 것으로, '사이버테러형 범죄'라고 할 수 있다. 둘째는 전자상거래, 사기, 프로그램 불법복제, 불법 사이트 운영, 개인정보 침해 등과 같이 사이버 공간이 범죄의 수단으로 사용된 것으로 '일반 범죄형 사이버 범죄'로 구분한다. 사이버 성폭력은 사이버 범죄의 유형 중 일반 범죄형에 속한다고 할 수 있다.

- 사이버 테러형: 해킹(단순침입, 사용자 도용, 파일 삭제 변경, 자료 유출, 폭탄 메일, DOS 공격), 악성 프로그램 등
- 일반 범죄형: 사기(통신, 게임), 불법복제(음란물, 프로그램), 불법 · 유해 사이트(음란, 도박, 폭발물, 자살), 명예훼손, 개인정보 침해, 사이버 스토킹, 사이버 성폭력, 협박, 공갈 등

2) 사이버 성폭력의 정의

사이버 성폭력이란 정보통신 서비스를 이용하여 상대방에게 성적 메시지를 일방적으로 전달하여 성적 수치심이나 모멸감, 불쾌감, 위압감 등의 피해를 유발하는 행위다.

① 정보통신 서비스를 이용하여

사이버 성폭력은 정보통신망을 기본으로 하여 행하는 행위다. 정보통신망이란 「전기통신기본법」 제2조 제2호의 규정에 따른 전기통신설비를 이용하거나 전기통신설비와 컴퓨터 및 컴퓨터의 이용 기술을 활용하여 정보를 수집 · 가공 · 저장 · 검색 · 송신 또는 수신하는 정보통신체제를 말한다(「정보통신망 이용촉진 및 정보보호 등에 관한 법률」 제2조의1).

② 상대방에게

온라인상의 상대방은 쌍방향 커뮤니케이션 과정에 관여하는 모든 대상이다. 즉, 피해자나 가해자가 한 명일 수도 있고 다수일 수도 있다.

③ 일방적으로 성적 메시지를 전달하여

일방적인 성적 메시지 전달에는 문자, 이미지, 동영상 등을 통한 성폭력 행위가 모두 포함된다. 문자를 통한 성적인 욕설, 상대방이 즐기지 않는 야한 농담, 원치 않는 데이트나 성관계 요구, 사생활 공개 등과 성적 수치심을 유발하는 사진이나 그림, 몰래 카메라나 성적 수치심을 유발하는 영상물 등을 포함한다. 성폭력 메시지는 채팅 과정에서의 대화, 전자우편 전송, 메신저를 이용한 메시지나 영상 전송, 쪽지 전송, 블로그나 게시판 게시물 등록, 웹페이지에 게재하는 방법 등이 있다.

④ 성적 수치심, 모멸감, 불쾌감, 위압감 등의 피해를 유발하는 것

사이버 성폭력은 피해자에게 성적 수치심이나 모멸감, 불쾌감이나 위압감 등의 실제적 피해를 유발한다. 피해자는 주로 불쾌감, 위압감, 성적 모멸감 등의 심각한 정서적 피해를 경험한다. 뿐만 아니라 두통이나 가슴 떨림 등의 신체적 증상과 피해를 동반하기도 하며, 심한 경우 우울이나 자살에까지 이르도록 하는 원인이 되기도 한다. 그리고 사이버 성폭력 피해를 경험할 경우, 통신에 접속하기를 꺼리게 되어 정보 습득의 기회를 박탈당함으로써 사회경제적 손실로 이어질 수 있다.

3) 사이버 성폭력의 유형

(1) 사이버 성희롱

사이버 성희롱은 전자우편이나 채팅을 통해서 상대방에게 성적 수치심이나 모멸감을 느끼게 하는 글, 음향, 영상을 보내는 행위를 말한다.

(2) 사이버 스토킹

사이버 공간에서 이루어지는 스토킹으로서 상대방에게 전자우편 보내기, 채팅 요구하기, 성적 희롱의 대상이 될 것을 요구하는 행위인데, 이는 원조교제 등으로 발전될 가능성이 커서 오프라인에서 성폭력의 가능성이 있는 행위다.

(3) 사이버 명예훼손

사이버 공간에서 성폭력과 관련한 명예훼손은 게시판이나 성 관련 사이트에 특정인의 사생활, 특히 성생활과 이와 관련한 허위 사실을 글, 음향, 영상 등으로 올려 개인의 명예를 훼손한 행위를 말한다.

(4) 사이버 음란물 게시

사이버 음란물 게시는 전자우편이나 인터넷을 통해 음란한 부호, 글, 음향, 영상을 배포하고 판매하는 행위 또는 임대하거나 전시하는 행위를 말한다.

2. 사이버 성폭력 대응 방법

사이버 성폭력이 발생했을 때 크게 다음의 두 가지 방식으로 대처할 수 있다. 단, 피해의 종류와 피해 정도, 피해자의 개인적 상황에 따라 적절한 대응 방법을 선택하는 것이 필요하다. 상담자는 피해자가 적절한 방식으로 대처할 수 있도록 구체적인 정보를 전달하여야 한다.

1) 개인적 대응

개인적 대응에는 소극적 대응과 적극적 대응 방법이 있는데, 먼저 소극적 대응은 사이버 성폭력이 발생했을 때, 피해자가 가해자에게 반응을 보이지 않고 무시하는 대처 방법이다. 채팅방을 빠져 나온다거나 게시판에 다시 접속하지 않는다거나, 쪽지 혹은 전자우편에 응대하지 않고 삭제한다거나 가해자의 메시지를 확인하지 않는 것 등이 이러한 대처 방법에 속한다. 사이버 성폭력 가해자는 피해자가 반응을 보이면 지속적인 가해 대상으로 삼는 경우가 있기 때문에 아무런 반응을 보이지 않는 것이 하나의 해결책이 될 수 있다. 다음으로 적극적 대응은 사이버 성폭력이 발생했을 때 가해자에게 분명한 거부 의사를 표명하는 것이다. 가해자에게 분명한 거부 의사를 밝힘으로써 가해 행위를 차단하거나 재발을 방지할 수 있다.

이처럼 사이버 성폭력이 발생했을 때는 일차적으로 개인적 차원에서 대응하는 것이 매우 중요하다. 이러한 개인적 대응이 효과적이고 현실적인 대처방안 중의 하나임을 인식할 필요가 있다. 그러나 이러한 개인적 대응 방법을 선택할 경우, 상담자는 피해자가 경험할 수 있는 심리적 무력감, 분노 등을 다루어 주는 것이 필요하다.

2) 제도적 대응

사이버 성폭력이 발생했을 때 사이버 성폭력 상담 및 신고센터 등에 신고를 하거나 법적 대응을 하는 것을 제도적 대응이라고 할 수 있다. 사이버 성폭력에 대해 이와 같이 적극적으로 대처하는 것은 자신의 권리를 적극적으로 보호하는 방법이며, 추후 발생할 수 있는 또 다른 폭력을 예방함으로써 건강한 사이버 문화를 구축하는 데 일조하는 것이다. 제도적 대응을 하기 위해서는 다음과 같이 할 수 있다.

- 가해자의 가해 사실을 증명할 수 있도록 가해 메시지를 저장하고 피해자가 대응한 경고의사도 기록 또는 저장한다.

- 각종 증거를 수집하여 사이트 운영자, 사이버 성폭력 상담 및 신고센터에 신고한다.
- 법적 대응을 한다.

이러한 제도적 대응과정은 자신이 겪은 피해를 회복하기 위해 적극적인 방법을 취함으로써 피해자가 자신의 권리를 지킬 수 있다는 통제감을 가질 수 있도록 해 준다. 하지만 또 한편으로는 시간과 노력을 투자해야 하는 번거로운 과정일 수도 있으며, 원하는 결과를 얻지 못할 가능성도 염두에 두어야 한다. 상담자는 각각의 대처 방식에서 발생할 수 있는 장점과 단점을 피해자에게 구체적으로 알려 주고, 피해자가 옳은 선택을 할 수 있도록 상담 과정을 통해 돕는 것이 중요하다.

3. 사이버 성폭력 상담

1) 사이버 성폭력 상담 절차

(1) 심리적 지지

사이버 성폭력의 경우 오프라인의 성폭력과 마찬가지로 심각한 피해를 유발하는 범죄 행위임에도 불구하고, 일반적으로 대수롭지 않게 여기는 인식 때문에 피해자가 주변으로부터 공감을 받지 못할 수 있다. 피해자는 심각한 피해를 받았음에도 불구하고 적절한 대처 방법을 생각하지 못하거나 해결이 불가능하다는 무력감에 빠질 수 있다. 상담자는 이러한 사이버 성폭력의 특성을 이해하고 내담자를 지지하고 공감해 주어야 한다.

(2) 정보수집 · 제공

문제를 해결하기 위해서는 피해자와 피해 상황에 대한 구체적이고 정확한 정보를 수집해야 한다. 피해에 대한 정보는 추후 신고나 법적 조치를 취할 경우 증거 자료로 활용될 수 있기 때문이다. 문제해결에서 가장 중요한 것은 내담자의 바람이다. 따라서 내담자가 원하는 것이 무엇인지 구체적으로 파악하는 것이 중요하다. 내담자가 어떠한 방식으로 대처하기를 원하는지 파악하고 이것을 중심으로 상담을 진행해 나간다. 즉, 피해에 대한 심리상담으로 충분하다고 생각하는지, 법적인 처벌을 원하는지, 다른 조치를 원하는지 등을 파악한 다음 상담 계획을 세울 수 있다.

내담자의 원함을 파악하면서 동시에 상담자는 내담자가 선택할 수 있도록 여러 가지 대처방안의 장점과 단점을 알려 주고 상담소가 제공할 수 있는 서비스의 종류와 한계 등을 알리고 동의를 구해야 한다.

- 내담자가 원하는 것을 구체적으로 파악한다.
- 피해상황에 대해 구체적이고 정확한 정보를 파악한다.
- 다양한 대처 방법에 대한 정보를 제공한다.

사이버 성폭력 체크리스트 활용

피해자와 피해 상황에 대해 구체적으로 파악하는 일은 상담 과정에서 중요하며, 추후 문제해결을 위한 증거 수집 차원에서도 필수적이다. 상담자는 다음의 체크리스트를 사용하여 상담 과정에서 사건개요를 파악할 수 있다(출처: 한국성폭력상담소, 2001).

사이버 성폭력 체크리스트

피해자	이름	
	나이	
	전자우편	
	연락처	
	이름	
가해자	나이	
	전자우편	
	연락처 (소속, 전화번호)	
가해자	서비스 제공자 (회사, 대화방 관리자 등)	
	피해자와의 관계	
	어디서	
	어떻게 (피해 내용과 횟수)	
피해 상황	피해정도 (피해자가 입은 피해와 후유증)	
	오프라인에서의 협박이나 성폭력 여부	
증거첨부		

(3) 해결방안 탐색

사건 관련 정보가 구체적으로 파악되고 이용 가능한 서비스, 내담자의 원함(wants)과 내담자의 권리 등에 대한 정보를 충분히 제공하면 해결방안을 탐색할 수 있다. 해당 사이트에 신고하거나 법적 대응도 가능한지 검토해 보고 적절한 대응 방안을 선택하도록 돕는다. 정보 서비스 업체에 신고하기로 했다면, 상담자는 피해가 발생한 사이트를 직접 확인하고 신고 절차나 이용자 보호 원칙 등을 파악하여 내담자와 공유하는 것도 좋다. 특히 커뮤니티의 경우, 운영자에게 알리고 대책을 함께 마련할 수도 있다. 법적 대응을 하기로 결정했다면 형사적 방법과 민사적 방법을 검토하여 피해 상황에 따른 적절한 대응 방안을 선택하도록 돕는다.

4. 사이버 성폭력 신고

1) 정보 서비스 업체에 신고하기

사이버상에서 성폭력 피해가 발생했을 때 가장 먼저 할 수 있는 일은 이용하는 정보 서비스 업체에 피해 사실과 가해자의 아이디를 신고하고 도움을 요청하는 것이다. 게시물에 따른 피해가 발생했을 때는 증거 자료를 확보(저장, 기록 등)하여 사이트 관리자에게 피해 사실을 알리고 게시물 삭제를 요청한다. 이때 주의할 점은 게시판에서는 삭제하되, 피해자의 컴퓨터에 가해 게시물의 게시 상태를 증명할 수 있도록 저장하고 또한 사이트의 관리자가 해당 게시물을 보관하도록 해야 한다. 추후 법적 절차를 진행하게 될 경우 증거물로서 게시물 보관이 필요하기 때문이다. 가해자의 신상정보나 아이피 주소(IP address)를 파악할 수 있다면 단서가 될 수 있으므로 가해자와 관련된 모든 정보를 기록 · 보관하도록 한다.

(1) 신고 기능 이용하기

최근에는 사이트상에서 이용자들이 피해를 받은 경우 즉시 신고할 수 있도록 하는 신고 기능이 제공되고 있다. 메일의 경우 스팸메일로 지정하거나 채팅방에서 신고 기능을 클릭할 수 있고 담당자에게 직접 신고할 수도 있다.

(2) 유의사항

신고할 때는 화면을 반드시 저장하도록 한다. 가해 내용을 시 · 공간상에서 증명할 수 있도록 전체 화면을 캡처하여 저장해야 한다. 쪽지 내용만 저장할 경우 조작 가능성을 우려하여 신고처리가 되지 않을 수도 있기 때문이다. 채팅이나 메신저의 경우, 피해 발생 시간을 알 수 있는 증거물을 확보하는 것이 중요하다.

(3) 수신 거부 기능 이용하기

수신 거부 기능(blocking function)은 원하지 않는 메시지를 받은 경우 해당 발신자의 모든 통신을 이용자가 거부할 수 있도록 하는 방법이다.

2) 법적 대응 방법

사이버 성폭력에 대해 법률적 방법으로 대응하기로 결정하기 위해서는 이와 관련된 정확한 정보를 알아야 할 뿐만 아니라 신고나 재판 과정에서 발생할 수 있는 심리적 부담에 대해서도 미리 검토해 두어야 한다. 법적인 해결방안 외에 대안은 없는지, 진심으로 고소하기를 원하는지, 힘든 소송 과정을 견딜 준비가 되어 있는지 등을 살펴보아야 한다. 피해자의 고소를 통해 가해자가 형사 처분을 받거나 민사소송을 통한 손해배상을 받을 수도 있다. 형사 처분과 민사소송의 두 가지 방법을 모두 사용할 수도 있으며 둘 중 한 가지를 선택할 수도 있는데, 이는 피해자가 선택할 수 있다.

(1) 형사적 방법

① 증거 확보의 필요성

사이버 성폭력은 직접적인 물리력을 사용하지 않더라도 분명한 불법 행위이므로 현행법을 근거로 구제받을 수 있다. 그러나 이러한 법적 구제를 위해서는 명확한 증거가 있어야만 한다. 그러므로 피해가 발생하였을 경우 피해 사실을 증명할 수 있는 증거 자료를 확보함으로써 법적 처벌의 근거가 될 수 있도록 한다.

② 법적 처벌의 근거

사이버 성폭력을 규제하는 현행법은 다음과 같다. 먼저, 「성폭력범죄의 처벌 및 피해자보호등에 관한 법률」 제14조 통신매체이용음란이 근거가 될 수 있다. 「정보통신망 이용촉진 및 정보보호 등에 관한 법률」 제44조에 정보통신망에서의 권리보호, 정보의 삭제요청, 불법정보의 유통금지 등이 명시되어 있고, 제74조에는 사이버 성폭력의 각종 형태에 따른 벌칙을 규정하고 있다. 청소년의 경우는 「청소년 보호법」, 「청소년 성보호법」 등을 근거로 구제받을 수 있다.

(2) 민사적 방법

사이버 성폭력 발생 시, 내담자가 자신의 피해에 대해 손해배상으로 피해를 복구하고자 한다면 민사소송을 제기할 수 있다. 형사소송과는 별개로 민사소송을 진행하는 것이 가능하다. 그러나 민사소송은 피해에 대한 금전적 배상을 위한 절차이므로 가해자에게 재산이 전혀 없는 경우는 소송을 제기하더라도 실질적인 해결방안이 되지 않을 수 있다. 그리고 소송이 마무리되기까지는 오랜 시간이 소요되므로 가해자가 재산을 처분할 경우 재판에 이겼더라도 배상을 받지 못하는 경우가 발생할 수도 있다. 그러므로 소송으로 피해를 구제하고자 할 때는 법률 전문가의 도움을 받는 것이 필요하다.

3) 법적 근거

사이버 성폭력에 대한 법적 근거는 「성폭력범죄의 처벌 및 피해자보호 등에 관한 법률」에 명시되어 있다. 해당 법률 내에서 관련 조항만 발췌하였으므로 사이버 성폭력 상담자는 해당 법률의 전문을 구비하여 상담 시 참조하는 것이 필요할 것으로 보인다.

(1) 사이버 성폭력 · 사이버 스토킹, 사이버 음란물

① 정보통신망 이용촉진 및 정보보호 등에 관한 법률

제74조(벌칙) ① 다음 각 호의 어느 하나에 해당하는 자는 1년 이하의 징역 또는 1천만 원 이하의 벌금에 처한다.

1. 제8조 제4항을 위반하여 비슷한 표시를 한 제품을 표시 · 판매 또는 판매할 목적으로 진열한 자
2. 제44조의7 제1항 제1호를 위반하여 음란한 부호 · 문언 · 음향 · 화상 또는 영상을 배포 · 판매 · 임대하거나 공공연하게 전시한 자
3. 제44조의7 제1항 제3호를 위반하여 공포심이나 불안감을 유발하는 부호 · 문언 · 음향 · 화상 또는 영상을 반복적으로 상대방에게 도달하게 한 자
4. 제50조 제6항을 위반하여 기술적 조치를 한 자
5. 제50조의2를 위반하여 전자우편주소를 수집 · 판매 · 유통하거나 정보 전송에 이용한 자

6. 제50조의8을 위반하여 광고성 정보를 전송한 자
7. 제53조 제4항을 위반하여 등록사항의 변경등록 또는 사업의 양도 · 양수 또는 합병 · 상속의 신고를 하지 아니한 자

② 제1항 제3호의 죄는 피해자가 구체적으로 밝힌 의사에 반하여 공소를 제기할 수 없다.

② 성폭력범죄의 처벌 및 피해자보호 등에 관한 법률

제14조(통신매체이용음란) 자기 또는 다른 사람의 성적 욕망을 유발하거나 만족시킬 목적으로 전화 · 우편 · 컴퓨터 기타 통신매체를 통하여 성적 수치심이나 혐오감을 일으키는 말이나 음향, 글이나 도화, 영상 또는 물건을 상대방에게 도달하게 한 자는 2년 이하의 징역 또는 500만 원 이하의 벌금에 처한다.

③ 경범죄

제1조의24(불안감조성) 정당한 이유 없이 길을 막거나 시비를 걸거나 주위에 모여들거나 뒤따르거나 또는 몹시 거칠게 겁을 주는 말 또는 행동으로 다른 사람을 불안하게 하거나 귀찮고 불쾌하게 한 사람 또는 여러 사람이 이용하거나 다니는 도로 · 공원 등 공공장소에서 고의로 험악한 문신을 노출시켜 타인에게 혐오감을 준 사람

(2) 사이버 명예훼손

① 정보통신망 이용촉진 및 정보보호 등에 관한 법률

제44조(정보통신망에서의 권리보호) ① 이용자는 사생활의 침해 또는 명예훼손 등 타인의 권리를 침해하는 정보를 정보통신망에 유통시켜서는 아니 된다.

② 정보통신서비스제공자는 자신이 운영 · 관리하는 정보통신망에 제1항의 규정에 따른 정보가 유통되지 아니하도록 노력하여야 한다.

③ 방송통신위원회는 정보통신망에 유통되는 정보로 인한 사생활의 침해 또는 명예훼손 등 타인에 대한 권리침해를 방지하기 위하여 기술개발 · 교육 · 홍보 등에 대한 시책을 마련하고 이를 정보통신서비스제공자에게 권고할 수 있다.

제44조의2(정보의 삭제요청 등) 정보통신망을 통하여 일반에게 공개를 목적으로 제공된 정보로 인하여 사생활의 침해 또는 명예훼손 등 타인의 권리가 침해된 경우 그 침해를 받은 자는 해당 정보를 취급한 정보통신서비스제공자에게 침해사실을 소명하여 당해 정보의 삭제 또는 반박내용의 게재(이하 "삭제 등"이라 한다)를 요청할 수 있다.

제44조의7(불법정보의 유통금지 등) 누구든지 정보통신망을 통하여 다음 각 호의 어느 하나에 해당하는 정보를 유

통하여서는 아니 된다.

1. 음란한 부호·문언·음향·화상 또는 영상을 배포·판매·임대하거나 공연히 전시하는 내용의 정보

제74조(벌칙) 다음 각 호의 어느 하나에 해당하는 자는 1년 이하의 징역 또는 1천만 원 이하의 벌금에 처한다.

2. 제44조의7 제1항 제1호의 규정을 위반하여 음란한 부호·문언·음향·화상 또는 영상을 배포·판매·임대하거나 공연히 전시한 자

② 형법

제307조(명예훼손) ① 공연히 사실을 적시하여 사람의 명예를 훼손한 자는 2년 이하의 징역이나 금고 또는 500만 원 이하의 벌금에 처한다.

② 공연히 허위의 사실을 적시하여 사람의 명예를 훼손한 자는 5년 이하의 징역, 10년 이하의 자격정지 또는 1천만 원 이하의 벌금에 처한다.

(3) 사이버 모욕

① 형법

제311조(모욕) 공연히 사람을 모욕한 자는 1년 이하의 징역이나 금고 또는 200만 원 이하의 벌금에 처한다.

(4) 사이버 협박

① 형법

제283조(협박, 존속협박) ① 사람을 협박한 자는 3년 이하의 징역, 500만 원 이하의 벌금, 구류 또는 과태료에 처한다.
② 자기 또는 배우자의 직계존속에 대하여 제1항의 죄를 범한 때에는 5년 이하의 징역 또는 700만 원 이하의 벌금에 처한다.
③ 제1항 및 제2항의 죄는 피해자의 명시한 의사에 반하여 공소를 제기할 수 없다.

(5) 청소년 사이버 성폭력 관련법

① 청소년의 성보호에 관한 법률

제8조(청소년이용음란물의 제작 · 배포 등) ① 청소년이용음란물을 제작 · 수입 또는 수출한 자는 5년 이상의 유기징역에 처한다.
② 영리를 목적으로 청소년이용음란물을 판매 · 대여 · 배포하거나 이를 목적으로 소지 · 운반하거나 공연히 전시 또는 상영한 자는 7년 이하의 징역에 처한다.
③ 청소년이용음란물을 배포하거나 공연히 전시 또는 상영한 자는 3년 이하의 징역 또는 2천만 원 이하의 벌금에 처한다.
④ 청소년이용음란물을 소지한 자는 2천만 원 이하의

벌금에 처한다.

⑤ 청소년이용음란물을 제작할 것이라는 정황을 알면서 청소년을 청소년이용음란물의 제작자에게 알선한 자는 1년 이상 10년 이하의 징역에 처한다.

⑥ 제1항의 미수범은 처벌한다.

② **청소년보호법**

제2장 청소년유해매체물의 청소년대상 유통 규제 중 제7조 매체물의 범위에서 아래와 같은 사항을 규제하고 있다.

4. 「전기통신사업법」 및 「전기통신기본법」의 규정에 의한 전기통신을 통한 부호 · 문언 · 음향 또는 영상정보
7. 「옥외광고물 등 관리법」의 규정에 의한 간판 · 입간판 · 벽보 · 전단 기타 이와 유사한 상업적 광고선전물과 제1호 내지 제6호의 규정에 의한 각종 매체물에 수록 · 게재 · 전시, 기타 방법으로 포함된 상업적 광고선전물
8. 기타 청소년의 정신적 · 신체적 건강을 해칠 우려가 있다고 인정되는 것으로서 대통령령이 정하는 매체물

4) 증거 수집 방법

사이버상에서 원하지 않는 메시지를 수신했을 경우 수신거부 기능이나 스팸설정 등을 통하여 원치 않는 전자우편이나 쪽지 등의 수신을 거부할 수 있다. 그러나 이러한 거부의사

표현과 거부 조치에도 불구하고 발신자를 다르게 하여 지속적으로 보내는 경우가 발생하기도 한다. 사이버 성폭력이 발생하면 어떠한 형태로든 증거를 확보하는 것이 필요하다. 가해 사실을 증명할 수 있는 구체적인 증거가 있어야 피해를 구제받을 수 있기 때문이다. 전자우편의 경우, 원문이 그대로 저장되므로 받은 편지 보관함에 저장할 수 있으나 수신함의 용량이 부족하거나 서버의 안정성 등이 문제될 수 있으므로 수신 편지를 별도의 파일로 저장하는 것이 좋다. 채팅에서는 채팅 내용만을 파일로 저장할 경우, 편집이 가능하므로 추후 증거로 채택되는 데 한계가 발생한다. 따라서 채팅 내용이 나타나 있는 화면을 있는 그대로 저장하는 것이 좋다. 저장하는 방법으로는 화면을 캡처하여 그림 파일로 저장하거나 휴대폰 카메라나 디지털 카메라로 컴퓨터 화면을 찍는 방법도 있다. 컴퓨터상에서 증거를 확보하는 대표적인 방법으로 화면 캡처 방법을 살펴보면 다음과 같다.

화면 캡처란, 현재의 모니터 화면을 그림 파일로 저장하는 방법이다. 별도의 화면 캡처 프로그램을 활용하거나 다음의 방법을 이용하면 간단하게 화면을 캡처하여 저장할 수 있다.

① 채팅 중이나, 채팅 후 채팅창을 모니터에 띄워 놓는다.
② 키보드의 [F12] 옆의 [Print Screen Sys Rq]을 눌러 캡처한다.
③ [Ctrl+V] 버튼을 눌러 복사한다.
④ [시작] →[프로그램] →[보조 프로그램] →[그림판]을 연다.

⑤ [그림판]을 선택한 후 다시 [Ctrl+V] 버튼을 눌러 준다.

⑥ [그림판]에서 [파일] →[저장] 버튼을 누른다.

5) 사이버 성폭력 상담 및 신고 기관

거부 의사를 표시하고 개인적인 차원에서 취할 수 있는 여러 방법으로 대처했음에도 불구하고 성폭력 피해가 지속된다면, 전문 상담기관이나 사이버 성폭력 신고 센터, 경찰청의 사이버 범죄 수사대에 신고한다.

- 사이버 경찰청: http://www.police.go.kr
- 사이버테러대응센터: http://www.netan.go.kr
- 누리캅스: http://www.nuricops.org
- 정보통신윤리위원회 스팸체커: http://spam.icec.or.kr
- 방송통신심의위원회 명예훼손분쟁조정부: http://www.bj.or. kr
- 한국사이버감시단: http://www.wwwcap.or.kr
- 사이버 성폭력신고센터: http://ecard.send2u.net/@cybercard

사이버 성폭력 신고 절차 예시

① 경찰의 사이버 범죄 대응체제 접속
http://www.netan.go.kr/

② 민원센터의 [사이버 범죄 신고] 클릭

③ [사이버 폭력] 클릭

④ 문제 성격에 따라 [사이버 스토킹] 또는 [사이버 성폭력] 선택

- 사이버 스토킹: 공포심이나 불안감을 일으키게 하는 음성, 문자, 화상 등을 반복적으로 받아 피해를 입은 경우
- 사이버 성폭력: 인터넷을 통해 성적 수치심이나 혐오감을 일으키는 말이나 음향 글이나 사진, 그림, 영상 등을 받은 경우

⑤ 개인 실명 인증 → 신고자 정보 입력 → 관할 경찰서 선택 → 용의자 정보 입력 → 신고내역 입력 → 신고 완료

■ 신고결과 확인

본인이 신고한 내용은 민원센터의 [마이페이지]에서 확인할 수 있다. 마이페이지는 신고 또는 상담할 때 입력한 패스워드로 이용할 수 있다.

■ 신고 취소

[민원센터] → [마이페이지] → [신고결과보기]에서 '신고취소'를 클릭하면 된다.

성희롱 · 성폭력 매체 상담

성희롱 · 성폭력 상담에서는 대면 상담보다는 전화나 인터넷 등의 매체를 이용하는 상담이 보다 선호되고 있다. 이것은 내

담자들이 익명성이 보장되는 매체로 성희롱 · 성폭력 문제를 상담받고자 하는 경향이 보다 높기 때문인 것으로 예상할 수 있다. 실제로 한국성폭력상담소의 2006년도 상담 통계를 살펴보면, 전체 상담 중 전화 상담이 57.4%, 인터넷 상담이 30.4%로 전체 상담의 87.8%를 차지하고 있다. 사이버 상담의 내용 분석에 관한 연구에서도, 대면 상담보다 사이버 상담에서 성과 관련된 문제를 보다 많이 언급하는 것으로 나타났다(한국성폭력상담소, 2001b). 이러한 경향성을 바탕으로 볼 때, 성희롱 · 성폭력 상담소에서는 전화나 사이버 상담 시스템을 효율적으로 구축해 놓는 것이 필요하다. 또한 해당 상담자들은 성희롱 · 성폭력 매체 상담에 대한 별도의 훈련을 받을 것을 권장한다.

6 친족 성폭력

필자는 일선 학교 현장에서 학생을 상담하는 전문상담교사들을 슈퍼비전하면서 학교 현장에서 성폭력 피해자가 발생할 경우 대처방법을 몰라서 당황하는 경우가 많다는 것을 알게 되었다. 특히 친족으로부터의 성폭력 피해의 경우, 교사가 당황하거나 관련 문제에 대한 이해가 부족하여 적절히 대처하지 못하는 경우가 많다는 것을 알게 되었다. 한국성폭력상담소의 2007년 상담 통계를 피해자와 가해자의 관계로 살펴보면, 전체 상담 건수 1,948건 중 친족(친 · 인척)으로부터의 피해가 273건(14.0%)인 것으로 나타났다. 이를 피해자 구성별로 살펴보면, 청소년 312건(16.0%), 어린이 234건(12.0%), 유아 110건(5.6%)로 전체의 33.6%가 미성년자인 것으로 나타났다. 따라서 이 장에서는 친족 성폭력의 개념과 특징을 살펴보고, 미성년자인 학생이 성폭력 피해자가 되었을 때 상담교사가 활용할 수 있는 지원 체계에 대해 살펴보고자 한다.

1. 친족 성폭력의 개념

1) 법적 정의

친족 성폭력은 「성폭력범죄의 처벌 및 피해자보호 등에 관한 법률」 제7조, 18조에 의거하여 4촌 이내의 혈족과 2촌 이내의 인척인 자가 강간, 강제추행, 준강간, 준강제추행을 행하는 것으로 정의된다.

•성폭력범죄의 처벌 및 피해자보호 등에 관한 법률

제7조(친족관계에 의한 강간 등) ① 친족관계에 있는 자가 형법 제297조(강간)의 죄를 범한 때에는 5년 이상의 유기징역에 처한다. 〈개정 1997.8.22〉

② 친족관계에 있는 자가 형법 제298조(강제추행)의 죄를 범한 때에는 3년 이상의 유기징역에 처한다. 〈개정 1997.8.22〉

③ 친족관계에 있는 자가 형법 제299조(준강간, 준강제추행)의 죄를 범한 때에는 제1항 또는 제2항의 예에 의한다. 〈개정 1997.8.22〉

④ 제1항 내지 제3항의 친족의 범위는 4촌 이내의 혈족과 2촌 이내의 인척으로 한다. 〈개정 1997.8.22〉

⑤ 제1항 내지 제3항의 친족은 사실상의 관계에 의한 친족을 포함한다. 〈신설 1997.8.22〉

제18조(고소제한에 대한 예외) 성폭력범죄에 대하여는 형사소송법 제224조(고소의 제한)의 규정에 불구하고 자기 또는 배우자의 직계존속을 고소할 수 있다.

2) 친족 성폭력의 범위

(1) 4촌 이내의 혈족

- 1촌: 친부모, 의부모(사실혼 관계도 포함)
- 2촌: 친형제, 친자매, 조부모
- 3촌: 이모, 외삼촌, 백숙부, 고모, 증조부모
- 4촌: 이종, 외사촌, 종형제, 고종, 고조부모

(2) 2촌 이내의 인척

형부, 제부, 의형제

3) 신고 의무

친족 성폭력은 친고죄가 아니므로 18세 미만의 자를 보호하거나 교육 또는 치료하는 시설의 책임자 및 관련 종사자는 신고 의무가 있다.

- 청소년의 성보호에 관한 법률

제21조(청소년대상 성범죄의 신고) ① 누구든지 청소년대상 성범죄의 발생 사실을 알게 된 때에는 수사기관에 신고

할 수 있다.

② 다음 각 호의 어느 하나에 해당하는 기관 · 시설 또는 단체의 장과 그 종사자는 직무상 청소년대상 성범죄의 발생 사실을 알게 된 때에는 즉시 수사기관에 신고하여야 한다. 〈개정 2007.10.17〉

2. 친족 성폭력 피해자의 특징

여기서는 친족 성폭력 피해자가 경험하는 여러 가지 현상들을 신체적, 심리적, 인지적, 사회적 영역으로 나누어 살펴보고자 한다. 그러나 이러한 각 영역의 후유증은 각기 독립적으로 나타나는 것이 아니라 서로 유기적 관계를 가지고 있다.

1) 신체적 영역

친족 성폭력 피해자는 지속적인 피해의 결과로 심각한 신체적 손상을 나타낸다. 음핵비대, 성기 이상, 임신, 낙태, 출산 위험 등의 신체 증상이 나타나기도 하고, 많은 경우 피해자는 상습적이고 강도 높은 구타를 당하는데, 이러한 폭력은 피해자에게 다양한 신체적 증상을 나타나게 한다. 이러한 신체적 손상은 피해자에게 순결과 관련된 두려움을 갖게 한다. 신체적 손상에는 다음과 같은 것들이 있다.

- 충동적이거나 극단적인 행동이나 증상을 보인다.
- 여러 가지 신체적 고통을 강하게 호소하지만 뚜렷한 의학적 소견이 없다.
- 칼이나 날카로운 물체로 신체의 일부를 훼손하거나 스스로 때리는 등의 자해행동을 한다.
- 타인에게 스스로 알리거나 쉽게 발견될 수 있도록 자살시도를 한다.

2) 심리적 영역

성폭력에 따른 신체적 손상은 순결의식과 결합하여 피해자에게 다양한 심리적 증상들을 나타낸다.

(1) 우울

- 잠을 너무 많이 자거나 불면증에 시달림
- 음식을 너무 많이 먹거나 전혀 먹지 않음
- 집중이 어렵거나 멍한 상태를 보임
- 자신에 대한 수치심과 죄책감에 따른 낮은 자존감
- 사소한 일에도 눈물을 흘리거나 자주 울게 됨
- 과도하게 밝고 활달하게 보이려고 함

(2) 분노

- 가해자에 대한 강한 분노감정 표출

- 사소한 말이나 행동에 대해 지나친 공격성을 나타냄
- 과도하게 경직되어 있으며, 경계와 분노가 눈에 가득함
- 분노가 억압되어 다른 형태로 나타날 수 있음

(3) 불안

- 밤에 잠이 잘 오지 않는다고 호소함
- 성폭력 외상과 관련될 수 있는 일반적인 상황이나 자극에 대해 두근거림이나 식은 땀, 소름끼침, 깜짝 놀라는 등의 신체 반응을 나타냄
- 감정의 기복이 심하고 불안정함
- 외출을 꺼리거나 혼자 있고 싶어 함

3) 인지적 영역

피해자의 신체적, 심리적 문제는 인지적 영역의 혼란과 문제를 야기한다.

(1) 양가감정

피해자는 가해자에 대해 커다란 배신감을 느끼고, 죽이고 싶을 정도의 분노를 느낀다. 가해자가 병이 나거나 사고를 당해서 죽기를 바라기도 하고, 가해자를 직접 죽이는 꿈을 꾸기도 한다. 그러나 피해자는 자신의 감정을 억압하고 겉으로 드러내지 않는다. 시간이 어느 정도 흐르고 나면 자신의 피해사

실을 잊고 싶어 하거나 가해자를 용서함으로써 자신이 성폭력 피해자라는 부담에서 벗어나고 싶어 하는 양가감정을 보인다. 다음은 양가감정의 예들이다.

- 그래도 가족인데, 아빠가 밉지만 불쌍하다는 생각도 들어서 더 괴로워요.
- 사촌 오빠가 잘못했다고 한 번만 봐 달라고 매달리니까 고소하기가 어려워요.

(2) 죄의식

죄의식은 자신의 성피해 경험 자체에 대한 죄의식과 가해자에 대한 고소 · 고발 행동에 대한 죄의식 등의 형태로 나타난다. 예를 들어, 아버지가 가해자인 경우, 아버지와의 관계를 부녀관계로 규정하는 것이 아니라 이성 간의 관계로 규정함으로써 아버지와의 성관계에 대한 불륜의 죄의식을 가지며, 동시에 어머니에게도 같은 여자로서 남자인 아버지를 가로채서 속상하겠다는 배려를 하게 된다. 이러한 과정에서 피해자는 과도한 자극 때문에 발생하는 어쩔 수 없는 생리적 반응인 성적 쾌감에 대해서도 죄의식을 강하게 느낀다.

또한 피해 사실이 밝혀지거나 밝혔을 경우, 자신이 피해자임에도 불구하고 가해자나 가족에게 발생하는 문제들에 대해 강한 죄의식을 갖게 된다. 다음은 죄의식을 느끼는 예들이다.

- 그래도 오빠인데 꼭 이렇게까지 해야 하는지 모르겠어요.
- 내가 고소하면 삼촌의 인생을 망치게 되는 건데, 그냥 내가 참으면 되는 게 아닌가 하는 생각이 들어요.
- 고소하고 나니까 더 괴로워요, 그냥 그만둘까 봐요.

(3) 성의식 문제

- 더 이상 가치 없는 버려진 여자로 자신을 비하하고 자포자기하여 순결 상실감을 느낌
- 성을 수치스러운 것으로 여기고 혐오함
- 충동적이고 탐닉적인 문란한 성태도를 보임

(4) 기타 인지적 문제

- 학습에 대한 동기 저하, 학교 생활의 부적응 및 등교 거부
- 자신의 정체감에 대한 혼란 호소
- 기억력 감퇴, 특히 성폭력과 관련된 일을 기억하지 못함
- 강박적 사고를 하거나 사소한 일에 강박적 증상을 보임

4) 사회적 영역

피해에 따른 후유증에서 나타나는 배신감과 신뢰감 상실은 인간관계의 불신을 초래함으로써 특히 남자를 더욱 믿을 수 없는 심리적 좌절감을 경험하며, 여성에 대해서도 자신을 버릴 것이라는 두려움을 갖게 됨으로써 대인관계 형성을 어렵

게 만든다.

- 또래관계 형성의 어려움
- 이성관계 형성의 어려움
- 타인을 신뢰하지 못하고 작은 갈등에도 좌절감을 크게 느낌
- 타인의 반응에 민감하며 대인관계에서 상처받을 것에 대한 두려움으로 관계를 피상적으로 맺음
- 대인관계에서 과도하게 의존적이거나 사소한 일로 쉽게 실망하여 극단적으로 관계를 단절하거나 상대방을 과도하게 비난하고 원망하는 태도를 보임

3. 친족 성폭력 상담

친족 성폭력 피해자를 상담하는 과정에는 특수한 법적 문제들이 있지만, 외상에 따른 정서적, 행동적 문제를 다루는 것에서는 일반적인 심리상담과 크게 다르지 않다. 그러나 친족 성폭력 피해자를 이해하기 위해서는 앞서 언급한 피해자의 심리적 증상과 현실적인 문제를 파악하는 것이 중요하다. 여기서는 한국성폭력상담소에서 발간한 『친족 성폭력 피해 청소년 지원 나침반을 찾아라』(2007)의 내용을 중심으로 수정 · 제시하고자 한다.

[그림 6-1] 친족 성폭력 피해자 상담 절차

1) 진단 및 평가

피해자가 현재 당면한 인지, 정서, 행동의 문제를 정확하게 파악하여 진단하는 것이 필요하다. 친족 성폭력 피해자가 경험하는 정서 문제의 정도 및 양상은 개별적이므로, 이러한 문제를 돕기 위한 방법이 진단 결과에 따라 달라질 수 있다. 특히 친족 성폭력 문제는 성폭력 문제뿐만 아니라 원가족(original family) 내에 뿌리 깊은 가족 문제를 내포하기 있기 때문에 이에 따른 심리적 손상이 장기간 지속되었을 가능성이 크다. 따라서 이러한 정확한 진단을 위해 전문적 심리평가를 실시하는 것이 바람직하다. 몇 가지 구조화된 심리검사만으로 피해자를 판단하는 것은 문제해결에 효과적이지 못하므로, 전문상담자가 심리평가를 하는 것이 필요하다.

진단 및 평가 단계에 필요한 Tip

(1) 마음을 편안하게 개방할 수 있도록 배려하라

- 피해자는 필요한 보호를 받고 정당한 조치를 취할 권리가 있음을 알린다.
- 피해 사실을 구체적으로 파악하기 이전에 상담자는 내담자를 최대한 돕기 원한다는 것을 먼저 알린다.
- 이미 법적 고소 중이라서 여러 번의 진술 경험이 있는 경우, 피해자의 기존 진술 내용을 확보하고 보완이 필요한 정보만 수집한다.
- 상담자의 배려에도 불구하고 성폭력 외상에 대해 언급을 회피할 경우, 이를 거부할 수밖에 없는 내담자의 심리적 어려움을 공감하고, 원하는 때 언제든 이야기할 수 있음을 알린다.

(2) 성폭력에 관련된 정보를 구체적으로 탐색하라

- 확보된 관련 자료가 없어서 성폭력 피해 경험에 대해 구체적으로 탐색할 때는 피해 경험을 진술하는 것이 매우 민감한 부분임을 상담자가 알고 있다는 것을 공감시켜 주고, 피해자를 돕기 위해 불가피한 과정임을 알리고 협조와 도움을 요청한다.
- 상담자가 파악해야 할 내용들
  - 성폭력이 시작된 시기와 지속된 기간은 어떠한가?
  - 성폭력 수위의 정도는 어떠한가?(추행, 성기 삽입 여부 등)
  - 성폭력이 이루어진 방법은 어떠한가?(수면 중인가, 폭

행이나 협박이 있었는가, 여러 가지 회유를 통해 이루어졌는가?)
- 성폭력을 당하고 있다는 사실을 알리고 도움을 요청한 적이 있는가?
- 도움을 요청하지 못했거나 도움을 요청했어도 적절한 조치를 받지 못한 이유가 무엇인가?

(3) 정서 및 행동 상태에 대한 정보를 탐색하라

친족 성폭력과 관련하여 경험한 정서, 행동에 대해 과거부터 최근까지 구체적으로 탐색하되, 피해자의 언어적 메시지뿐만 아니라 비언어적 메시지에 대해서도 민감하게 파악하는 것이 필요하다.

•상담자가 파악해야 할 내용들
- 최근의 수면 패턴은 어떠한가?(너무 많이 자거나 거의 잠을 자지 않는가?)
- 최근의 신체적 건강 상태는 어떠한가?
- 최근 섭식 패턴은 어떠한가?(너무 적게 먹거나 너무 많이 먹는가?)
- 최근 가장 두드러진 기분 상태는 어떤 것인가?
- 친족 성폭력 피해를 처음 경험한 후 어떤 정서적 변화가 있었는가?
- 피해가 지속되면서 변화된 정서적 · 행동적 특징은 무엇인가?
- 가해자에 대한 현재의 정서는 어떠한가?
- 피해 경험에 대해 떠올리거나 말할 때 느껴지는 감정

과 신체상의 반응은 무엇인가?
- 표정은 어떠한가?
- 눈맞춤(eye-contact) 정도는 어떠한가?
- 진술 시 보이는 태도나 자세 등의 행동적 특성은 무엇인가?
- 목소리 크기 및 어조의 특성은 어떠한가?

(4) 개인적인 발달사 및 가족관계를 탐색하라

피해자의 원가족 문제를 파악함으로써 피해자가 활용할 수 있는 잠재적인 사회적 지원 체계 및 심리적 자원을 찾는다. 또한 피해자의 발달과정에서 형성된 성에 대한 태도와 인식을 파악할 수 있다.

• 상담자가 파악해야 할 내용들
  - 가해자를 포함한 가족 구성원에 대한 피해자의 인식은 어떠한가?(아버지는 어떤 사람인가, 어머니는 어떤 사람인가? 등)
  - 가족 구성원과의 심리적 친밀감은 어느 정도인가?
  - 어려움을 나누거나 의지할 수 있는 가족 구성원이 있는가?
  - 출생 후 최초의 기억은 무엇인가?
  - 특정 연령대를 기준으로 떠올려지는 기억은 무엇인가?
  - 가장 행복했던 기억은 무엇인가?
  - 가장 슬펐던 기억은 무엇인가?
  - 가장 분노를 느꼈던 기억은 무엇인가?
  - 친족 성폭력 피해의 어려움 속에서도 자신을 지탱해

준 것은 무엇인가?

(5) 현재 원하는 것이 무엇인지를 탐색하라

피해자가 현재 가장 필요로 하는 것과 욕구를 파악하는 것이 필요하다.

- 상담자가 파악해야 할 내용들
  - 현재 가장 바라는 것은 무엇인가?
  - 기적이 일어난다면 무엇이 달라져 있겠는가?

2) 초기 상담

진단과 평가를 통해 피해자에 대한 구체적인 이해가 생겼다면 이를 바탕으로 심리상담 과정을 시작한다. 상담 초기에는 피해자와 상담 협력관계(working alliance)를 형성하는 것이 중요하다.

(1) 피해자와 신뢰할 수 있는 상담 협력관계를 형성하라

- 상담 초기에는 라포(rapport) 형성이 가장 중요하다.
- 내담자에 대해 항상 '더 알기 원함' '알지 못함'의 자세를 가져라.
- 피해자의 고통과 어려움을 공감하는 것과 동시에 그들이 지니고 있는 잠재력과 힘을 찾아내고 격려하라.
- 끔찍한 상황 가운데에서도 견뎌내고 대처해 온 내담자를

인정하고, 어떻게 더 나빠지지 않고 지금까지 살아남을 수 있었는지에 대해 칭찬하고, 내담자의 바로 그 부분을 강화시켜라.

(2) 상담 목표와 전략을 설정하라

- 상담자는 내담자와 함께 상담의 장 · 단기 목표를 세우고 구체적인 상담 전략을 수립한다.
- 상담 목표와 전략은 앞선 진단과 평가 자료 및 내담자와의 상호작용을 통해 확인된 것을 바탕으로 세운다.
- 목표는 내담자와 합의된 것이어야 한다.

목표 형성을 위한 7가지 원칙

① **내담자에게 중요한 것을 목표로 하기**: 상담 목표는 내담자에게 중요한 것이어야만 하고, 내담자에게 유익하고 성취 정도를 직접 관찰할 수 있는 것이 좋다.

② **작은 것을 목표로 하기**: 목표는 작은 것이어서 내담자가 성취할 수 있는 것이어야 한다. 목표가 작을 경우 내담자는 쉽게 성공한다. 목표를 성취하는 것은 내담자에게 성공하고 있다는 감정을 주고, 희망을 갖게 해 주고, 변화하고자 하는 동기를 강화시켜 준다.

③ **구체적이며 명확하고 행동적인 것을 목표로 하기**: 목표를 분명한 단어로 설명하는 것은 상담자와 내담자가 상담 진행

과정을 평가하는 데 도움이 되며, 내담자의 성공을 즉각적으로 인정할 수 있는 기회가 많아진다. 반대로 목표를 성취하지 못했을 때도 목표 달성을 위해 무엇을 해야 하는지 좀 더 쉽게 파악할 수 있다. 따라서 내담자는 목표 성취에 대해 인정받을 수 있고, 목표를 성취하지 못하는 것에서 발생하는 스트레스도 줄일 수 있다.

④ **없는 것보다 있는 것에 관심 두기**: 문제시되는 것을 없애는 것보다 현재 있는 것에 관심을 두고 부정적인 단어를 사용하지 않는 목표가 보다 효율적이다. 목표는 내담자가 하지 말아야하는 것보다는 해야 하는 것에 대해 긍정적으로 설정하는 것이 좋다.

⑤ **목표를 결과로 여기기보다는 시작으로 간주하기**: 목표에 대해 여행의 목적지보다는 내담자가 성취하고자 하는 작은 시작 단계로 여긴다.

⑥ **내담자의 생활에서 현실적이고 성취 가능한 것을 목표로 하기**: 내담자가 비현실적이고 성취 불가능한 목표를 가지고 있을 경우, 상담자는 내담자가 실제로 실행할 수 있는 목표를 설정하도록 조정한다.

⑦ **목표 수행은 힘든 일이라고 인식하기**: 내담자에게 목표란 '힘든 일'이라고 내담자에게 인식시켜야 한다. 이는 내담자의 자기 가치와 존엄성을 보호하고 증진시키고자 하는 것이다. 목표 성취를 어려운 일이라고 언급하는 것은 내담자가 성취할 수 없는 상황에서 내담자의 존엄성을 보호해 주는 역할을 한다. 피해자는 대부분 자신의 문제를 해결하기 위해 수도 없이 노력했고 또 실패했다. 따라서 목표를 이루는

것이 힘든 일이라고 말해 주는 것은 내담자가 충분히 쉽게 동의할 수 있는 점이 될 것이다. 이것은 피해자에게 필요한 만큼 수고할 때 목표를 달성할 수 있다는 희망을 제공하는 역할을 한다.

이러한 희망은 내담자가 목표를 성취하기 위한 동기를 갖도록 한다.

출처: 해결중심 단기치료(정문자 외, 2008)

3) 중기 상담

상담 중기에는 초기에 설정된 목표를 바탕으로 피해자의 문제를 중점적으로 다루고 변화를 촉진시키는 과정이 진행된다. 실질적인 상담 과정에서, 다른 심리상담과 달리 친족 성폭력 피해자들과 다루어야 하는 몇 가지 문제들을 살펴보면 다음과 같다.

(1) 피해자가 가해자에 대해 분노하면서도 연민을 가진다

① 호소 내용

- 아빠에 대해 분노하지만 불쌍하다는 생각도 들어서 괴로워요.
- 그래도 친오빠인데, 꼭 법적으로 처리해야 할지 모르겠어요. 그냥 덮어 두고 싶기도 해요.
- 그냥 다시 돌아가서 아빠와 살고 싶어요. 두렵긴 하지만

그래도 미안해하면서 다시 살려고 노력하는데, 불쌍하기도 하고 그래서 그냥 그래야 할 것 같아요.

- 나 때문에 사촌 오빠의 인생이 완전히 망가질 텐데, 그냥 나만 한 번 참으면 될 텐데…….

② 상담자의 개입

- 가해자에 대한 다양한 감정을 구체적으로 탐색하고 양가감정을 느끼는 것은 당연하다고 공감해 주면서 내담자로 하여금 편안하게 자신의 감정을 있는 그대로 수용할 수 있도록 돕는다.
- 가해자를 사법처리하는 것에 대해 느끼는 피해자의 불안과 갈등을 충분히 표현하게 하고, 사법처리를 할 경우와 하지 않을 경우의 상황을 나누어 그에 따라 예상되는 결과와 피해자의 감정, 생각 등을 함께 탐색한다.
- 어떠한 경우라 할지라도 잘못은 가해자에게 있는 것이며, 필요에 따라 법적 책임을 지는 것이 당연하다는 점을 알린다.
- 가해자와 밀착된 관계에 있는 자신을 통찰할 수 있도록 돕는다.
- 어떤 결정이든 피해자의 결정이 가장 중요하며, 어떤 결정을 내리든 결정에 뒤따르는 결과들이 있음을 알도록 돕는다.
- 무엇보다 중요한 것은 피해자 자신의 인생임을 알도록

돕는다.

(2) 다른 가족 구성원이 항상 지지자가 되어 주는 것은 아니다

① 호소 내용

- 사촌오빠가 너무 후회하고 있는데, 그런데도 고소를 취하하지 않으면 내가 너무 독한 사람이래요.
- 우리 가족이 아빠 없이는 살아갈 수 없다고 없었던 일로 그냥 덮어 버리자고 엄마가 말했어요. 엄마가 어떻게 그럴 수 있죠?
- 할머니는 내가 몸가짐이 나빠서 그런 일이 생긴 거라고 해요.

② 상담자의 개입

- 그 당시 피해자로서는 그렇게밖에 할 수 없었으며, 그것이 그 상황에서 최선의 선택이었음을 인정하도록 돕는다.
- 다른 가족 구성원의 다양한 반응에 따라 경험되는 감정을 탐색하고 표현하게 한다.
- 가해자에게 의존적일 수밖에 없는 다른 가족 구성원의 상황에 대해 객관화시켜 탐색하고 이해하는 과정을 가진다.
- 상담자가 피해자로 하여금 고소를 하라고 선동한 것이 아니냐는 비난을 다른 가족 구성원들이 해 올 수 있다. 이때 상담자는 가족의 입장을 이해하고 공감하되, 성폭

력의 문제는 어떠한 경우도 정당화될 수 없는 중대한 위법 행위임을 분명하게 알려야 한다. 또한 상담은 피해자의 회복을 가장 중요한 목표로 두고 진행되고 있음을 알린다.

(3) 피해자가 가해자를 피해 원가족에서 나왔을 때 다른 가족 구성원이 또 다른 피해자가 될 수 있다는 불안감을 경험한다

① 호소 내용

• 내가 없으니까 엄마가 힘들다고 해요. 들어가기는 싫은데 마음이 편치 않아요.
• 동생들이 걱정돼요. 내가 없어서 아빠가 동생들한테 그 짓을 할 것 같아요.

② 상담자의 개입

• 남겨진 가족에 대해 걱정하는 것을 당연한 것임을 공감하되, 현재 남겨진 가족을 위해 피해자가 현실적으로 할 수 있는 것과 할 수 없는 것을 구별하여 탐색하게 함으로써 현실검증 과정을 돕는다.
• 피해자가 현재 걱정하는 것처럼 또 다른 피해를 막기 위해서 문제에 대한 근본적인 해결(법적 절차 등)이 필요함을 알리고, 이에 대해 구체적으로 탐색하도록 관련 정보를 제공한다.

(4) 피해자가 경직된 태도로 어떤 말도 하지 않으려 한다

- 피해자가 현재 아무 말도 하고 싶지 않고 말을 할 수 없을 정도로 힘든 상태임을 공감하고, 이를 표현해 준다.
- 필요할 경우 함께 말없이 그대로 기다려 준다.
- 감정을 표현하는 것이 필요하고 도움이 된다는 점을 알려 주고, 언제든 말하고 싶을 때 말할 수 있음을 알린다.

(5) 피해자가 갑자기 상담자를 비난하면서 화를 낸다

- 화내는 내담자를 있는 그대로 받아 주고, 화를 표현하고 난 다음에는 상담자에게 화가 난 이유를 침착하게 묻고 들어준다.
- 피해자가 어떤 이유를 말하든 또는 이유를 말하지 못하든 분노가 생길 수 있다는 것을 충분히 공감하고 수용해 준다.
- 분노감정이 억압되어 있거나 전이될 수 있음을 인식시킨 다음 빈의자기법 등으로 표현하도록 도와준다.
- 일상에서 분노감정이 일어날 때 어떻게 대처해 왔는지 탐색하고, 적절히 대처하는 방법을 학습시켜 준다.

(6) 피해자가 아프다고 하는데 병원에서는 원인이 없다고 한다

- 일단 피해자가 호소하는 신체적 고통에 대해 수용해 주면서 어디가 얼마나 자주 어떻게 아픈지 탐색한다.
- 신체적 증상이 단순히 신체적 문제에 원인이 있는 것이

아니라 친족 성폭력의 피해로부터 해결되지 않은 마음의 어려움 때문에 나타날 수 있음을 인식시킨다.

- 심리적 문제가 신체적 증상으로 전환되었을 가능성에 대해 탐색하고 통찰할 수 있도록 도와준다.
- 만약 피해자가 신체적 증상을 통해 이차적 이득을 누리려고 할 경우는 이를 공감적인 태도로 직면시킨다.
- 친족 성폭력 피해에 의해 미해결된 부정적 감정을 탐색하고 표현하도록 도와준다.
- 부적절한 방식으로 자신을 표현할 수밖에 없는 상황을 공감해 주고 좀 더 효과적인 방식으로 의사소통할 수 있는 방법을 함께 모색한다.

(7) 피해자가 자해나 자살시도를 한다

- 자해나 자살을 시도하게 된 시기, 이유, 방법, 횟수, 자해행동 전후의 정서적 상태, 유발된 결과, 주변의 반응 등에 대해 구체적으로 탐색한다.
- 만약 주변을 통제하기 위한 연기성 자살시도일 경우, 원인을 탐색한 후 자신이 무엇을 원하고 있는지를 분명하게 알고 적절하게 표현하는 방법을 함께 찾아본다.
- 연기성 자살시도에 대한 주변인들의 피드백을 받게 한다.
- 심각한 자살시도인 경우, 우울증의 정도가 심각하다는 것을 알리고 약물 및 전문적인 심리치료의 도움을 받아야 함을 알린다.

- 자해나 자살충동이 일어날 때 이를 완화시키거나 대체할 수 있는 적절한 방법을 모색하고 역할연습을 해 본다.
- 자해나 자살충동이 일어날 경우, 주변에 믿을 만한 사람에게 알리거나 상담자에게 이야기할 수 있도록 상담자와 내담자 사이에 계약을 맺는다.

4) 종결 상담

상담 초기에 설정한 상담 목표를 점검하며 상담을 종결할 준비를 한다. 상담 종결기는 상담 목표를 바탕으로 상담의 과정을 돌아보면서 그동안 학습한 내용을 통합하고 정리하여 실생활에 어떻게 적용할 것인지를 모색하는 시기다. 상담 종결기에 내담자는 불안감과 상실감을 호소할 수 있으므로, 상담자는 이러한 복합감정을 처리할 수 있도록 미리 예상하고 도와야 한다. 또한 종결기에는 피해자가 혼자서 당면해야 하는 현실적인 문제들에 대해 다루면서 역할연습(role playing)이나 행동연습(behavior rehearsal)을 통해 실천의지를 강화해 주어야 한다.

종결기에 상담자가 점검해야 할 것들

- 목표 달성에 대한 상담자와 내담자의 인식 탐색
- 종결을 앞두고 예상되는 복합적인 감정 탐색 및 표현

- 원가족으로 복귀함에 따라 발생할 수 있는 현실적인 문제들과 대처방안 논의
- 피해자가 상담 과정에서 이루어 온 것을 확인해 주면서 자기 실천의지를 강화해 준다.
- 현실 적응을 위해 상담자가 도울 수 있는 것과 피해자가 스스로 해야 할 것 등을 탐색해 본다.

4. 미성년 성폭력 피해자 지원 체계

1) 피해자 보호시설과 쉼터

미성년 성폭력 피해자가 이용할 수 있는 보호시설은 크게 성폭력 피해자 지원기관인 '성폭력 피해자 보호시설'과 가출 청소년 지원기관인 '청소년 쉼터'로 나누어 볼 수 있다. 청소년 쉼터는 보호 기간에 따라 단기 쉼터, 중장기 쉼터로 나뉜다.

(1) 보호자에게 연락을 해야 하는가

청소년 쉼터에 입소할 경우는 보호자에게 연락하는 것을 원칙으로 규정하고 있지만, 입소자가 원치 않을 경우나 가정 폭력이 있는 경우는 예외 사항으로 규정하고 있다. 특히 친족 성폭력 피해자의 경우, 가해자가 보호자인 경우가 대다수이므로 피해자와 충분히 상담하지 않고 보호자에게 연락하는

것은 피해 재발 위험이 있다. 따라서 보호자 혹은 가해자나 원가족 구성원과 연락하는 것에 대해 신중히 검토해야 한다.

(2) 거주지인 쉼터가 노출되지 않아야 한다

가해자에게 연락하거나 가해자와 면담해야 할 필요성이 있을 경우, 피해자가 거주하는 쉼터의 위치나 전화번호가 노출되지 않도록 해야 한다. 전화번호나 거주지가 노출될 경우, 가해자의 위협에 시달릴 수 있으며, 해당 피해자뿐 아니라 쉼터에 거주하는 다른 피해자들에게 불안감을 줄 수 있다. 전화를 해야 할 경우 다음과 같은 발신자 제한 방법을 활용할 수 있다.

- 집전화: 169＋상대방 번호
- 휴대전화: *23#＋상대방 번호

(3) 가해자의 회유 및 공격

피해 청소년을 집에 돌아오게 하거나 문제가 드러나는 것을 막기 위해 가해자는 두 가지 방식의 행동을 취할 수 있다. 하나는 피해 청소년의 죄책감과 동정심을 자극해 회유하려 하는 것이고(“엄마가 아프다.” “가해자가 자살을 시도했다.” 등), 다른 하나는 헛소문으로 피해 청소년을 공격함으로써 가해 사실을 무마하려는 것이다(“피해 청소년이 남자와 살림을 차려 가출했다.” “행실이 원래 나빴다.” 등). 이러한 가해자 측의 이야기가 피해 청소년에게 그대로 전달되는 것은 바람직하지 않다. 따라서 가해자와 원가족에 대한 여러 소문과 확인되지 않은 사실은 피해 청소년이 안정을 회복한 후 전달하는 것이 좋다.

2) 학교 지원

청소년 쉼터에서는 피해 청소년이 입소 기간 중은 물론 퇴소 후에도 학업을 지속할 수 있도록 학교 생활지도, 학습지도, 대안학교 연계 등으로 지원하고 있다. 피해청소년이 학교를 다니고 있는 경우는 학교생활을 유지하도록 돕고, 복학을 원하는 경우는 행정 절차와 학교 적응을 지원하고, 대안교육을 원한다면 관련 정보를 제공하고 있다.

(1) 비밀유지와 전학

피해 청소년이 학업 욕구가 있는데 가해자로부터 안전이 확보되지 않는다면 비밀을 유지하고 전학하는 것도 하나의 방법이다. 다니던 학교에 복학할 수 있다면 가장 좋지만, 가해자로부터의 안전이 확보되지 않는다면 전학이 불가피하다. 일반적인 전학은 주소지 이전으로 법적 보호자의 동의하에 진행되지만, 친족 성폭력 피해자는 '학교장 추천' 전학 절차를 활용할 수 있다. 또한 관련인들은 이러한 전학 사실에 대해 비밀을 유지할 의무가 있다(「가정폭력범죄의 처벌 등에 관한 특례법」 제18조 참조). 기존 학교 측에서 원가족의 요구나 행패에 못 이겨 전학지를 알려 주거나 전학한 학교의 교사가 학생들에게 피해 학생의 전학 이유에 대해 공공연히 이야기해서는 안 된다.

학교장 추천 전학 방법

- 초등학교
  - ① 기존 학교에서 준비할 서류: 학교장 추천서/학교장 직인(분교일 경우 교감 추천서), 담임교사 의견서(담임교사 서명), 재학증명서
  - ② 해당 지역 교육청에 구비 서류 제출
  - ③ 교육청에서 해당 초등학교에 배정 통지서 발송
  - ④ 배정받은 초등학교 방문, 담임교사 및 학교장 면담
- 중학교
  - ① 기존 학교에서 준비할 서류: 학교장 추천서/학교장 직인(분교일 경우 교감 추천서), 담임교사 의견서/담임교사 서명, 재학증명서, 시설 보호증명서/법인등록증
  - ② 해당 지역 교육청에 구비 서류 제출
  - ③ 교육청에서 해당 중학교에 배정 통지서 발송
  - ④ 배정받은 중학교 방문, 담임교사 및 학교장 면담
- 고등학교
  - ① 기존 학교에서 준비할 서류: 학교장 추천 전입학 배정 확인서, 전입학 배정 원서, 담임교사 의견서/담임교사 서명/

학교장 직인

② 피해자 보호시설에서 준비할 서류: 시설 보호 증명서

③ 해당 지역 교육청에 구비 서류 제출, 교육청에서 해당 고등학교에 배정 통지서 발송

④ 배정받은 고등학교 방문, 담임교사 및 학교장 면담

3) 의료 지원

성폭력 피해자를 상담할 때 가장 안타까운 점은 의학적 증거 확보가 되지 않아 법적 보호를 받기 어려운 경우가 많다는 것이다. 가해자 식별의 주요 단서가 되는 의학적 증거는 약 48시간 내에 의료기관의 진찰을 받아야 확보할 수 있다. 이러한 성폭력 피해자의 의료지원에 대해 피해 직후 피해자를 상담하는 경우와 시간이 경과하고 난 후에 상담하는 경우를 구분하여 관련 사항을 살펴보면 다음과 같다.

(1) 성폭력 피해 직후: ONE-STOP 지원센터 연계

ONE-STOP 지원센터는 24시간 통합지원이 가능하므로, 몸을 씻거나 옷을 갈아입지 않고 바로 센터로 연계하는 것이 좋다. 만약 옷을 갈아입었다면 피해 당시 착용하였던 옷과 부속품을 코팅되지 않은 종이봉투에 넣어 보관한다. 피해자가 고소를 원치 않더라도 증거채취는 중요하다. 현재의 증거채취를 통해 고소 가능성의 기회가 생기지만, 증거가 없는 경우는

피해 사실을 증명하기가 매우 어렵기 때문이다.

(2) 성폭력 피해 이후 시간 경과: 병원 진료 연계

성폭력 피해 이후 시간이 경과하였고 이후 부인과 진료를 받은 적이 없다면 부인과 진료를 받도록 연계하는 것이 필요하다. 성병 감염 확인과 부인과적 건강 상태를 점검하는 것이 필요하다.

(3) 성폭력 피해 의료비 지원

성폭력 피해자는 국가로부터 산부인과적, 외과적, 정신과적 치료비, 심리상담 및 진단서 발급비를 지원받을 수 있다. 성폭력 피해자의 지원비는 2009년 기준으로 1인당 300만 원이 책정되어 있고, 추가 비용이 필요할 경우는 정부, 의료기관, 상담소로 구성된 심의위원회를 거쳐 추가 지원이 가능하다. 의료비 지원이 필요할 경우 해당 지역의 성폭력 상담소에 요청할 수 있다.

의료비 지원 요청 방법

① 해당 성폭력 상담소에 전화, 면접 상담
② 의료비 영수증 원본, 입금 가능한 통장 사본(본인 계좌가 아닌 경우, 본인과의 관계를 입증할 수 있는 서류, 건강보험증 등이 필요함) 준비

③ 상담소로 직접 제출하거나 우편으로 보냄
④ 해당 상담소에서 심의한 후 지급함

전국 ONE-STOP 지원센터 안내

ONE-STOP 지원센터란 여성, 학교 폭력 피해자에게 상담, 의료, 수사, 법률을 한 곳에서 지원하는 곳이다. 피해자의 직접 신고도 가능하며 NGO나 수사기관의 인계 과정을 통해서도 이용 가능하다. 지원센터가 제공하는 서비스는 다음과 같다.

- ONE-STOP 의료지원
  - 센터 전담 산부인과 전문의, 응급의학과 24시간 진료
  - 첨단 산부인과 의료장비 구비, 영상진료 및 증거자료 제공
  - 후유증 극복을 위한 정신과적 진료 가능
- ONE-STOP 상담지원
  - 심리 안정을 위한 피해 유형별 전문적 상담 실시
  - NGO, 쉼터 등과의 연계 적극 지원
- ONE-STOP 수사지원
  - 진술녹화 및 상담전문 여성경찰관 24시간 근무
  - 의료진료차 내방 시 진술녹화 후 경찰서에서 활용
- ONE-STOP 법률지원
  - 학교 · 여성 폭력 전문 변호사 무료 법률지원단 구성
  - 형사소송 절차 등 법률 상담

* 전국 ONE-STOP 지원센터의 연락처와 주소는 부록 9 참조

7 성희롱·성폭력 예방교육

1. 성희롱 · 성폭력 예방교육

성희롱을 예방하기 위한 정부 차원의 노력이 점점 확대되고 있는데, 특히 교육과학기술부는 대학 내 성희롱 · 성폭력 문제를 해결하기 위해 법적 규제와 정책을 발전적으로 마련하고 있다. 그동안의 노력들을 살펴보면, 대학 내 성희롱 · 성폭력 예방에 관한 연구(조주현, 장승옥, 정현희, 2003), 대학 성희롱 고충상담원 전문교육(전국 대학성폭력 상담실무자 협의회, 2004), 대학의 성희롱 · 성폭력 사건처리 매뉴얼(교육인적자원부, 2005a) 보급 등 대학 내 성희롱 · 성폭력 문제에 효율적으로 대처하기 위한 다각적인 노력을 기울여 왔다. 또한 학교 교단의 성희롱 · 성폭력 행위를 뿌리 뽑기 위해 교원 징계기준을 강화하고, 고충상담창구의 설치와 운영을 의무화했으며, 성희롱 예방 문제에 대한 교육인적자원부의 지도 · 감독을 강화할 방침을 밝혔다(교육과학기술부, 2005b).

이에 대학들도 성희롱 · 성폭력을 예방하고 처리할 수 있는 학내 규정과 제도적 장치들을 마련하고 성고충 상담 및 사건 처리를 통한 피해자 보호와 사건처리 체계 구축을 위해 힘써 왔으며(이숙현, 백진아, 장미혜, 2001), 각 대학 성희롱 전담부서의 상담 실무자를 중심으로 정보교류 및 자문활동 등의 자발적인 노력을 기울이고 있다(김영희, 2005). 또한 최근에는 각종 대중매체와 온라인을 활용하여 예방교육을 실시하고 있다. 서울대학교의 경우, 2004년부터 현재까지 총 4차에 걸쳐 자체적으로 온라인 예방교육 프로그램을 개발하여 진행 중이며, 교내 구성원들을 위한 예방교육 실시 전산 시스템을 별도로 구축하고 있다. 연세대학교의 경우, 2001년도에 자체 제작한 성희롱 예방 비디오를 활용하여 예방교육을 실시하고 있으며, 그 밖의 대학에서는 정부 및 관련 기관에서 제작한 예방교육 자료를 활용하여 대학 사정에 따라 예방교육을 실시하고 있다.

또한 교육과학기술부에서는 최근 성희롱 예방의 중요성을 인식하고 대학에서 활용할 수 있는 각종 자료들을 제작 · 발간하고 있는데, 2006년에 교수 · 학생용 성희롱 예방교육 기본과정 CD를 개발 보급하였으며, 2007년에는 교수 · 학생용 성희롱 예방교육 심화과정 CD와 대학 직원을 위한 성희롱 예방교육 CD를 개발 · 보급하였다.

이처럼 정부가 법령의 제정 · 정비 및 교원의 징계기준 강화 등을 통한 노력을 해 왔고, 대학 또한 자체적으로 성폭력 상담소를 설치하고 예방교육을 포함한 다양한 유형의 상담 활동을 벌여 왔지만, 대학 내에서의 성희롱 예방교육을 포함한 상담 활동의 효과가 발휘되고 있다는 실증적인 연구 및 자료는 아직 없는 실정이다(김보연, 2004; 진정희, 2003; 하혜숙, 2007b). 현재는 성희롱 예방교육의 내용과 결과에 대한 과학적 분석 없이 일방적으로 교육을 실시하는 데 급급한 실정이다. 그 예로 국내 대학의 2004년도 예방교육 현황을 살펴보면, 전체 대학의 94.8%에 이르는 대학이 성희롱 예방교육을 실시하고 있으나 교육 참여율은 38.2%로 매우 저조한 것으로 나타나고 있다(교육과학기술부, 2005b).

즉, 그동안 대학 내 성희롱 · 성폭력을 예방하기 위한 정부의 다차원적인 노력의 결과로 양적인 성과는 이루었지만, 이러한 양적인 팽창이 실질적 효과를 담보하지는 못하는 실정이다. 성희롱은 발생 맥락에 따라 예방과 해결 방식이 각각 다르기 때문에 집단의 성격에 따라 달리 접근해야 할 연구 주제라고 할 수 있다. 대학은 교육 서비스를 제공하는 공공단체인 동시에 고용관계를 수반하는 사업장이라는 이중적인 성격을 지니는 기관이다. 대학 캠퍼스는 교육과 학습, 대학 행정, 커뮤니티 생활 등 다양한 기능을 복합적으로 수행하는 공간이며, 구성원들의 상호작용과 관계의 유형 역시 다양하다. 교직원과 학생 집단에서 여성이 차지하는 비율이 점차 증가하고, 남녀 개인의 개방적인 성의식과 태도가 널리 퍼지는 추세를 감안할 때, 대학에서 성희롱 · 성폭력의 발생에 따른 갈등과 분쟁 또한 앞으로 점점 더 증가할 것으로 전망된다(김계현, 김은경, 신상숙, 박정미, 김보명, 2005).

대학 내의 성희롱 문제를 해결하는 방법을 크게 상담과 교육을 통한 자율적 해결방법과 조사 기구를 통한 타율적 해결방법으로 구분할 때, 처벌을 통한 문제해결의 비중이 증가한다는 것은 상대적으로 교육과 상담 기능이 상대적으로 축소될 수 있음을 의미한다. 현재 대학 내 성희롱 사건의 상당수가 상담을 통한 자율적 해결방법을 위주로 하기보다는 처벌을 전제로 하는 타율적인 조사 과정에 크게 의존하고 있음에도 불구하고, 성희롱이 감소하거나 구성원들의 인식이 개선되었다는 근거는 없다(하혜숙, 2007a).

이처럼 대학 내 성희롱의 심각성에 주목하는 이유는 일반적인 범죄나 직장 내 성희롱보다 문제해결이 더 복잡하며, 피해 후유증도 장기간 지속될 가능성이 크기 때문이다. 왜냐하면 대학 내의 성희롱은 생활맥락을 같이하는 교수와 학생, 친한 선배와 후배, 학과나 동아리의 친구들 사이에서 발생하는 경우가 대부분이기 때문이다. 이러한 관계의 맥락에서 성희롱이 발생하면 가해자 및 문제 상황이 피해자의 직접적인 생활맥락과 연결되어 있다는 점과 자신의 대학 생활 및 진로문제와 연관되어 있는 점 등 때문에 적극적으로 문제해결을 시도하기가 어렵고, 따라서 성희롱에 따른 피해를 혼자 고민하면서 대학 생활의 장애를 지속적으로 겪게 될 가능성이 많다.

다시 말하면, 성희롱 경험과 이에 따른 해결되지 않은 문제가 대학생들의 진로 변경의 요인으로까지 작용할 수 있다(Naomi, 2000; Stockdale, 1996). 대부분의 피해자들은 자신이 성적인 사건과 연관되었다는 것을 부끄럽게 여기고 항의를 한다고 하더라도 학업보다는 성적인 측면으로 사람들의 관심을 불러일으키게 되는 것에 대해 두려워하며, 또한 항의한다고 하더라도 아무런 대책이 마련되지 않을 것이라고 생각하고, 오히려 가해자나 동료들로부터 보복을 당할지도 모른다는 두려움을 가지게 된다(강희순, 2002). 따라서 상담자는 대학 내 성희롱 문제 상황에 개입하여, 성희롱 자체가 주는 피해뿐만 아니라 그에 따라 발생하는 대학 생활의 장애까지 고려하여 피해를 회복할 수 있도록 도움을 주어야 한다. 상담 활동은 집단과 개인의 문제에 대한 기본적인 치료적 기능(remedial role)과 앞으로 발생할 가능성이 있는 문제에 대해 예상하고 미리 피할 수 있도록 하는 예방적 기능(preventive role)을 할 뿐만 아니라, 그러한 문제를 극복하는 데 필요한 능력과 기능을 획득하도록 도와주는 교육적 기능(educative－developmental role)을 담당해야 하기 때문이다(Gelso, 2001).

그러나 많은 대학 상담소가 인력과 재원 부족으로 어려움을 겪고 있으며, 결과적으로 법률상 의무 규정으로 명시된 예방교육을 실시하는 수준의 소극적인 활동에 그치는 경우가 많다. 뿐만 아니라, 현재 우리나라 대학 내 성희롱 예방교육 관련 실태를 알 수 있는 기본적인 실태 자료 및 기초 연구 자체도 매우 미흡한 실정이다. 이러한 기초 자료 및 연구의 부재에 따라 대학 성희롱 · 성폭력의 심각성에도 불구하고 관련 분야의 연구가 활성화되지 못하는 실정이다.

따라서 대학의 성희롱 · 성폭력 상담소는 그 구성원들에 대해 정기적으로 성희롱 · 성폭력 예방교육을 실시함으로써 성희롱 · 성폭력 피해 발생 가능성을 억제하고, 평등한 성적 의사소통을 이룰 수 있는 대안적인 성문화를 조성하는 역할을 담당해야 한다. 또한 대학 내에서 실시되는 성희롱 예방교육의 실태를 조사하고 그 특성을 규명하여 이론적으로 체계화하고, 이를 바탕으로 구체적 정책을 수립함으로써 관련 문제 해결을 위해 노력해야 한다.

2. 남녀 대학생의 성희롱 인식에 기초한 예방교육

대학은 그 구성원들에게 정기적으로 성희롱 예방교육을 실시함으로써 피해 발생 가능성을 억제하고, 상호 평등한 의사소통이 가능한 성문화를 조성해야 한다. 교육인적자원부의 대학(교) 성희롱 예방지침에 따르면, 각 대학(교)은 연 1회 이상 성희롱 · 성폭력 예방교육을 실시하여야 하는데, 관련 법령, 처리 절차 및 조치 기준, 고충상담 및 구제 절차, 성희롱을 한 자에 대한 제재조치, 그리고 그 외의 성희롱 예방에 필요한 사항들을 포함하도록 하고 있다. 따라서 현재 이루어지는 대부분의 성희롱 예방교육은 이러한 지침에 따라 교육 내용이 구성되고 있다. 그런데 이러한 예방교육이 실효를 거두기 위해서는 교육 대상자들의 거부감을 낮추는 것이 선행되어야 하고, 현실적인 정보를 제공함으로써 교육의 효과성을 확보하여야 한다(하혜숙, 2005). 본 연구 결과는 교육 대상자의 인식 차이에 대한 고려 없이 구성된 교육 내용과 집체식으로 이루어지는 현재의 성희롱 예방교육 방법의 개선 방안에 대해 실제적인 정보를 제공하고 있다. 연구를 통해 발견된 중심 내용은 다양한 성희롱 사례들에서 남녀의 인식이 달리 형성되고 있으며, 이러한 인식의 차이는 성별에 따라 성희롱 사건의 각기 다른 특성을 중요하게 고려함으로써 발생한다는 것이다.

일반적으로 현재 각 대학의 성희롱 예방교육은 법적인 강제로 실시되고 있기 때문에 교육 대상자들의 자발성과 준비도가 매우 낮은 편이다. 이러한 성희롱 예방교육에 대한 거부감은 남녀 모두에게 나타난다. 먼저 교육 내용에서 다루는 전형적인 성희롱 사례에서 남성-가해자, 여성-피해자 구도가 제시됨으로써 남성 교육 대상자들이 잠재적 가해자로 취급받는다고 느낄 수 있다. 교육에서 제시되는 행위자와의 유사성은 교육 대상자로 하여금 '잠재적 행위자'로 느끼게 하는 기능을 하기 때문이다(Shaver, 1985). 한편, 여성 교육 대상자들도 성희롱은 남성에게 전적으로 책임이 있는 문제이기 때문에 여성은 교육을 받을 필요가 없다는 생각을 함으로써 교육 참여의 필요성을 인식하지 못하고 있다.

일반적으로 성희롱 예방교육에서는 교육 내용 전달을 위해 관련 성희롱 사례들을 제시하는 경우가 많은데, 예를 들면 사례를 제시할 때(특히, 교육용 CD나 비디오에서) 명백한 성희롱 사례, 특히 심각한 신체형 사례를 제시하면서 성희롱에 해당되는 이유를 설명하고 그에 따른 피해의 심각성과 대처방안을 설명한다. 이 경우, 교육 대상자의 입장에서는 극단적인 사례 제시에 대해 이러한 상황이 비현실적이라고 생각함으로써("요즘 저러는 사람이 어디 있어?") 교육 자체에 대해 반감을 가지게 되고, 성희롱 예방교육을 식상한 것으로 인식한다. 명백한 성희롱 행위에 대해서는 대부분의 교육 대상자들이 성희롱이라고 인식할 수 있고, 이에 대해서는 기본 정보 전달을 통해서도 충분히 교육효과를 누릴 수 있다. 오히려 성희롱 예방교육에서 중요한 것은 대상자들의 인식이 엇갈리는 사례들에 대해서 다루는 것이다. 즉, 성별에 따라 성희롱 판단과 대처방안이 달라짐으로써 성희롱 인식의 모호 영역이 발생하는 사례들을 다룰 필요가 있다.

예를 들면, 앞선 연구 결과에서 살펴본 것처럼 주로 남녀의 인식의 차이가 크게 발생하는 언어형 사례들을 제시하고 이러한 사례 상황이 무엇을 의미하는지 파악하도록 한 다음, 가해자의 시각과 피해자의 시각을 대비하여 제시하는 것이다. 남성 교육 대상자에게는 여성의 입장에서 생각하는 성희롱을 보여 주고, 반대로 여성 교육 대상자에게는 남성이 가지고 있는 성희롱에 관한 생각을 보여 줌으로써, 동일한 사건을 사이에 두고 발생하는 사건 당사자 사이의 인식의 괴리를 교육의 주제로 삼을 수 있다. 이와 같이 동일한 현상에 대해 남자와 여자의 인식이 어떻게 달리 형성되는지, 또한 그러한 인식의 차이를 발생시키는 원인이 무엇인지를 구체적으로 보여 줌으로써 성희롱 문제에서 발생하는 인식의 상대적인 측면을 다루는 것이 필요하다. 이처럼 성희롱 현상에서 남성과 여성의 인식이 어떻게 달리 형성되는지, 가해자와 피해자의 입장이 어떻게 다른지에 대해 이해하고 상대방의 관점에서 사건을 바라보도록 구체적인 정보를 제공함으로써 예방교육의 효과를 확보할 수 있을 것이다.

3. 도움받을 수 있는 기관

여성부에서는 성희롱 예방교육 시 활용할 수 있는 영상자료 및 책자 등을 제작 · 배포하고 있다. 여성부 홈페이지에 접속하여 영상자료를 무료로 다운받아 활용할 수 있다. 한국양성평등교육진흥원에서는 정부부처 및 지방자치단체, 공공기관의 임직원들을 대상으로 직장 내 성희롱 예방 온라인 위탁교육 서비스를 제공한다. 이론뿐만 아니라 드라마 형식의 콘텐츠, TV 프로 형식의 콘텐츠 등 교육 내용이 다양한 방식으로 구성되어 있다. 온라인 교육과 관련하여 학습자의 출결사항, 진도체크, 성적 등을 체계적으로 관리할 수 있다는 것이 특징이다. 그 밖에 성희롱 전문강사 뱅크를 온라인상에서 운영하고 있어서 학교나 기관에서 성희롱 예방교육 강사를 구하기 힘든 경우, 교육대상과 지역 사정에 따라 강사를 선택할 수 있다.

1) 성희롱 · 성폭력 관련 정부 기관

- 여성부: http://www.moge.go.kr
- 교육과학기술부: http://www.mest.go.kr
- 국가인권위원회: http://www.humanrights.go.kr

2) 성희롱 · 성폭력 관련 상담소

- 여성긴급전화 1366: http://www.1366.or.kr
- 한국성폭력상담소: http://www.sisters.or.kr
- 한국여성민우회: http://www.womenlink.or.kr
- 한국여성상담센터: http://www.iffeminist.or.kr
- 구성애의 아우성: http://www.9sungae.com

3) 성희롱 · 성폭력 예방교육 관련 기관

- 한국양성평등교육진흥원: http://www.kigepe.or.kr

⇨ 부록 10. 성희롱 예방교육 FAQ 참조

4) 예방교육 시 활용 가능한 자료

기관 내에서 성희롱 · 성폭력 예방교육을 실시할 때 주로 상담소에 종사하는 상담자들이 이 업무를 맡게 되는데, 해마다 실시해야 하는 교육 내용을 구성하기란 여간 어려운 일이 아니다. 해당 업무 담당자는 예방교육 관련 자료들에 대한 필요를 절감했을 것이다. 다음에 제시한 자료는 정부기관과 관련 상담기관, 민간단체 등에서 제공하는 성희롱 관련 자료들의 목록과 접근 경로를 명시한 것이다. 예방교육 대상자와 교육 성격에 따라 적합한 자료들을 참조함으로써 성희롱 예방교육이 활성화되고 실효를 거두는 데 도움이 되는 자료로 활용되기를 바란다.

성희롱 예방교육 활용 자료 목록

■ **여성부**(http://www.moge.go.kr)

종류	경로
영상물	
어린이 성범죄 예방(위기탈출넘버원)	뉴스 · 소식 > 홍보자료 > 동영상 자료실
성희롱 예방캠페인	뉴스 · 소식 > 홍보자료 > 동영상 자료실
성희롱 없는 일터를 만들어요	뉴스 · 소식 > 홍보자료 > 동영상 자료실
성폭력 예방교육 영상물 – 시설 내 성폭력, 감출 수 없는 진실	홈 > 여성정책가이드 > 인권보호 > 성폭력방지 > 자료실
아동성폭력예방교육영상물 – 우리아이에게 생긴 일	홈 > 여성정책가이드 > 인권보호 > 성폭력방지 > 자료실
성폭력 피해자 치유 영상물 – 어떤 날	홈 > 여성정책가이드 > 인권보호 > 성폭력방지 > 자료실
청소년 성폭력 예방교육 비디오 – 내 얘기라고요?	홈 > 여성정책가이드 > 인권보호 > 성폭력방지 > 자료실
청소년 성폭력 예방교육 비디오	홈 > 여성정책가이드 > 인권보호 > 성폭력방지 > 자료실

서로 존중하는 일터를 위하여(성희롱에 대한 전반적인 이해 증진 및 사례별 대처방안)	홈 > 여성정책가이드 > 인권보호 > 성희롱예방 > 교육참고자료
사람이 행복한 일터를 위하여(성희롱의 유형, 성희롱 피해에 대한 대처 방법 및 구제절차 안내)	홈 > 여성정책가이드 > 인권보호 > 성희롱예방 > 교육참고자료
직장 내 성희롱 없는 건강한 내일을 위해–예방에서 대응까지	홈 > 여성정책가이드 > 인권보호 > 성희롱예방 > 교육참고자료
성희롱 없는 일터 다함께 GO!GO!	홈 > 여성정책가이드 > 인권보호 > 성희롱예방 > 교육참고자료
함께하는 대학 행복한 시작 (성희롱 예방 및 구제 관련 전반에 걸친 주요 사항)	홈 > 여성정책가이드 > 인권보호 > 성희롱예방 > 교육참고자료
당당한 도전 아름다운 그녀 (성희롱 피해자의 구제 및 절차 등 안내)	홈 > 여성정책가이드 > 인권보호 > 성희롱예방 > 교육참고자료
성희롱, 어떻게 생각하십니까? (4가지의 주요 성희롱 사례 제시)	홈 > 여성정책가이드 > 인권보호 > 성희롱예방 > 교육참고자료
남과 여 공존을 배우는 교실 (학교에서 발생할 수 있는 성희롱 사례 및 해결, 교육에서의 남녀차별 금지 및 관련 법률 소개)	홈 > 여성정책가이드 > 인권보호 > 성희롱예방 > 교육참고자료
자료집	
성희롱 예방교육용 책자	정책 · 자료 > 주요정책 > 성희롱예방 > 자료실
성폭력피해자치유영상물 어떤 날 가이드	홈 > 여성정책가이드 > 인권보호 > 성폭력방지 > 자료실
기타	
2007년 전국성폭력실태조사 보고서	홈 > 여성정책가이드 > 인권보호 > 성폭력방지 > 자료실
성폭력 피해자 치유 프로그램 매뉴얼	홈 > 여성정책가이드 > 인권보호 > 성폭력방지 > 자료실
성폭력피해자 치유 프로그램 보고서	홈 > 여성정책가이드 > 인권보호 > 성폭력방지 > 자료실
성폭력가해자 교정 · 치료 프로그램 매뉴얼	홈 > 여성정책가이드 > 인권보호 > 성폭력방지 > 자료실

성폭력예방교육프로그램 – 유치원(3~6세)	홈 > 여성정책가이드 > 인권보호 > 성폭력방지 > 자료실
성폭력예방교육프로그램 – 초등 저(1~3년)	홈 > 여성정책가이드 > 인권보호 > 성폭력방지
성폭력예방교육프로그램 – 초등 고(4~6년)	홈 > 여성정책가이드 > 인권보호 > 성폭력방지
성폭력예방교육프로그램(중학교)	홈 > 여성정책가이드 > 인권보호 > 성폭력방지
성폭력예방교육프로그램(고등학교)	홈 > 여성정책가이드 > 인권보호 > 성폭력방지

* 각 기관의 홈페이지 갱신에 따라 경로가 다소 변경될 가능성 있음.

■ **성희롱예방종합관리시스템**(http://shp.mogef.go.kr/)

여성부 성희롱예방종합관리시스템 내 간행물 및 영상자료: 기관(학교) 가입해야 함

■ **교육과학기술부**(http://www.mest.go.kr)

종 류	경 로
영상물	
대학 성희롱 예방교육 교재(영상자료)	홈 > 정보마당 > 정보자료실 > 평생직업교육국
CD	
성희롱, 아하!그렇구나(행정직원용)	홈 > 정보마당 > 이전게시판 > 정보자료실
대학 내 성희롱 예방교육 심화과정(학생용)	홈 > 정보마당 > 이전게시판 > 정보자료실
대학 내 성희롱 예방교육 심화과정(교수용)	홈 > 정보마당 > 이전게시판 > 정보자료실
대학 내 성희롱 예방교육 기본과정(학생용)	홈 > 정보마당 > 이전게시판 > 정보자료실
대학 내 성희롱 예방교육 기본과정(교수용)	홈 > 정보마당 > 이전게시판 > 정보자료실
자료집	
대학 내 성희롱 기본과정(교수용) 온라인 프로그램	홈 > 정보마당 > 이전게시판 > 정보자료실
대학 내 성희롱 기본과정(학생용) 온라인 프로그램	홈 > 정보마당 > 이전게시판 > 정보자료실

대학의 성희롱 성폭력 사건처리 매뉴얼	홈 > 정보마당 > 이전게시판 > 정보자료실
초 · 중 · 고 학생 관련 성폭력 근절을 위한 성폭력 예방 및 성교육 강화 대책 안내	홈 > 정보마당 > 법령정보 > 행정규칙 > 지침

■ **노동부**(http://www.molab.go.kr/)

종 류	경 로
자료집	
직장 내 성희롱 예방교육 교재	1) 홈 > 알림마당 > 팸플릿 2) 홈 > 정보마당 > 주요정책정보 > 고용평등 > 자료실
직장 내 성희롱 예방(소책자)	1) 홈 > 알림마당 > 팸플릿 2) 홈 > 정보마당 > 주요정책정보 > 고용평등 > 자료실
노사가 함께하는 직장 내 성희롱 예방교육 자료	홈 > 알림마당 > 팸플릿
성희롱 예방교육교재(다운로드)	홈 > 정보마당 > 주요정책정보 > 고용평등 > 직장 내 성희롱 등 예방 > 성희롱 예방교육
직장 내 성희롱 업무 매뉴얼	1) 홈 > 정보마당 > 주요정책정보 > 고용평등 > 자료실 2) 홈 > 정보마당 > 주요정책정보 > 정책자료
직장 내 성희롱 없는 활기찬 일터 만들기	홈 > 정보마당 > 주요정책정보 > 정책자료
기타	
외국인 근로자 직장 내 성희롱 예방 리플릿(필리핀어/태국어/몽골어/베트남어/인니어/중국어/영어)	홈 > 알림마당 > 팸플릿
직장 내 성희롱 예방교육기관 현황	홈 > 정보마당 > 주요정책정보 > 고용평등 > 자료실
직장 내 성희롱 예방교육 자율점검 안내서	홈 > 정보마당 > 주요정책정보 > 고용평등 > 자료실
직장 내 성희롱의 적극적 예방제도 도입방안	홈 > 정보마당 > 주요정책정보 > 고용평등 > 자료실
2004년 직장 내 성희롱 신고사건 처리결과 분석자료	홈 > 정보마당 > 주요정책정보 > 고용평등 > 자료실

■ **국가인권위원회**(http://www.humanrights.go.kr)

종 류	경 로
영상물	
화기애애: 직장 내 성희롱 예방 교육용 기획 옴니버스	홈 > 인권정보 > 영상자료
재희 이야기 – 성희롱 예방 교육용 비디오	홈 > 인권정보 > 영상자료
우리들의 약속: 초등학교 고학년 성폭력 예방 비디오	홈 > 인권정보 > 영상자료
내 몸은 내가 지켜요II: 유아대상 성폭력 예방 비디오	홈 > 인권정보 > 영상자료
성폭력 바로 알기	홈 > 인권정보 > 영상자료
성폭력 없는 세상 만들기	홈 > 인권정보 > 영상자료
성희롱 없는 복지사회	홈 > 인권정보 > 영상자료
건강한 일터, 자유로운 여성	홈 > 인권정보 > 영상자료
화기애애: 직장 내 성희롱 예방교육용 영화	홈 > 인권자료실
당당한 도전 아름다운 그녀: 성희롱 예방교육영상	홈 > 인권자료실
성희롱 어떻게 생각하십니까?: 성희롱 예방 교육용(CD)	홈 > 인권자료실
성희롱 어떻게 생각하십니까?: 성희롱 예방 교육용(비디오)	홈 > 인권자료실
성희롱 없는 복지사회(비디오)	홈 > 인권자료실
여성인권 10년: 김부남 사건에서 롯데호텔 성희롱까지(비디오)	홈 > 인권자료실
재희 이야기: 직장 내 성희롱 · 폭언 · 폭행 예방교육용(비디오)	홈 > 인권자료실
이것이 성희롱이다(비디오)	홈 > 인권자료실
성희롱 없는 세상 만들기: 직장 내 성희롱 예방을 위한(비디오)	홈 > 인권자료실
성폭력 바로알기(비디오)	홈 > 인권자료실

내 몸은 보물이에요: 어린이 성폭력 방지를 위한(비디오)	홈 > 인권자료실
건강한 일터, 자유로운 여성(비디오)	홈 > 인권자료실
성폭력 없는 세상 만들기(비디오)	홈 > 인권자료실
너 무슨 생각하고 있니?(비디오)	홈 > 인권자료실
내 몸은 내가 지켜요: 유아 대상 성폭력 예방 비디오 II(비디오)	홈 > 인권자료실
미로속의 진실찾기: 학교 내 성폭력 파문(비디오)	홈 > 인권자료실
교수님과 성폭력(비디오)	홈 > 인권자료실
우리들의 약속: 초등학교 고학년 성폭력 예방(비디오)	홈 > 인권자료실
외면당한 고통, 장애인여성 성폭력	홈 > 인권자료실
법이란 이름의 폭력: 성폭력 피해아동의 인권침해(비디오)	홈 > 인권자료실
교회 내 성폭력을 근절하라(비디오)	홈 > 인권자료실
아동 성폭력 실태 보고, 추악한 그림자(비디오)	홈 > 인권자료실
은폐된 진실 – 특수학교 성폭력 사건(비디오)	홈 > 인권자료실
스포츠와 성폭력에 관한 인권보고서(비디오)	홈 > 인권자료실
초등생 집단 성폭력 사건(비디오)	홈 > 인권자료실
자료집	
운동선수 인권상황 실태조사 – 중 · 고교 학생선수의 학습권, 폭력, 성폭력 실태를 중심으로	홈 > 인권정보 > 국내인권자료 > 전체
성희롱 시정활동 평가 및 성희롱 규제의 실효성 제고를 위하여	홈 > 인권정보 > 국내인권자료 > 전체
국가인권위원회 결정례집: 성희롱 제1집	홈 > 인권정보 > 국내인권자료 > 전체
성폭력 실태와 개선방안을 위한 토론회: 활동가와 함께하는 인권토론회	홈 > 인권정보 > 국내인권자료 > 전체
군대내 성폭력 실태조사: 군대 내 남성 간 성폭력, 성의식 실태조사	홈 > 인권정보 > 국내인권자료 > 전체

직장상사와 친분관계인 자의 성희롱	홈 > 인권정책 > 사회적 약자 · 소수자 > 여성
직장상사의 성희롱	홈 > 인권자료실
파견지 상사의 성희롱	홈 > 인권자료실
교수의 성희롱	홈 > 인권자료실
직장상사의 성희롱적 발언	홈 > 인권자료실
이주노동자를 위한 성희롱, 성폭력 예방교육: SAY NO! 인권의 시작	홈 > 인권자료실
성희롱 없는 평등한 직장 만들기	홈 > 인권자료실
(국내외 대학의)성희롱 · 성폭력 정책연구	홈 > 인권자료실
회식자리 술 따르기 강요가 왜 성희롱인가?	홈 > 인권자료실
성희롱과 법의 정치	홈 > 인권자료실
성희롱 없는 밝고 건강한 사회	홈 > 인권자료실
성희롱 예방과 대책	홈 > 인권자료실
법적 규제에 따른 직장 내 성희롱의 실태 및 개선 방안 연구	홈 > 인권자료실
성희롱 예방교육 표준교안	홈 > 인권자료실
서울대 조교 성희롱 사건 백서(상, 하)	홈 > 인권자료실
성희롱 예방업무 편람	홈 > 인권자료실
성희롱 당신의 직장은 안전합니까?	홈 > 인권자료실
성희롱 행동의 이해와 실제: 심리학적 접근	홈 > 인권자료실
공공기관 종사자의 성희롱 현황 및 예방 교육방향 연구	홈 > 인권자료실
성희롱 예방에서 대처까지	홈 > 인권자료실
성희롱 정책: 이론과 실제	홈 > 인권자료실
직장 내 성희롱의 실태와 대책	홈 > 인권자료실
직장 내 성희롱 예방 매뉴얼	홈 > 인권자료실
직장 내 성희롱 해설	홈 > 인권자료실
나는 성희롱 교수인가: 서울대 우조교 성희롱 사건 재판의 실상과 나의 고백	홈 > 인권자료실

경제 위기가 가족에 미치는 영향과 대책: 서울대 성희롱 사건을 계기로	홈 > 인권자료실
직장 내 성희롱의 법적 대책방안 연구	홈 > 인권자료실
이것이 성희롱이다	홈 > 인권자료실
침묵에서 외침으로: 성희롱 사건 자료집	홈 > 인권자료실
직장 내 성희롱, 어떻게 볼 것인가?: 서울대 성희롱 사건을 계기로	홈 > 인권자료실
직장 내 성희롱 예방교육가이드	홈 > 인권자료실
성폭력 상담의 실제	홈 > 인권자료실
나의 몸, 나의 길: 성폭력의 예방과 극복	홈 > 인권자료실
남자들은 모두 미쳤어요: 성폭력 실상	홈 > 인권자료실
위험사회와 성폭력	홈 > 인권자료실
성폭력피해자 치유프로그램 연구에 관한 세미나	홈 > 인권자료실
성폭력에 관한 법률지침서	홈 > 인권자료실
성폭력 · 가정폭력 피해자의 통합적 지원체계 구축과 연계방안 형성을 위한 워크숍	홈 > 인권자료실
청소년 성문화를 통해 본 성폭력 실태 및 대책	홈 > 인권자료실
아주 특별한 용기: 성폭력 치유를 위한 통찰과 훈련	홈 > 인권자료실
대학 내 성폭력 관련 정책	홈 > 인권자료실
성폭력 전문상담원 교육 자료집	홈 > 인권자료실
우리가 성에 관해 너무나 몰랐던 일들: 어린이 및 청소년 성폭력을 중심으로	홈 > 인권자료실
성폭력과 사회복지	홈 > 인권자료실
성폭력 가해자의 명예훼손, 무엇이 문제인가? 토론회	홈 > 인권자료실
인터넷을 이용한 성폭력 상담의 현황과 과제	홈 > 인권자료실

성폭력추방운동사례집: 1997-2002사법처리사건을 중심으로	홈 > 인권자료실
(영유아를 위한)성폭력 예방교육 프로그램	홈 > 인권자료실
교회 내 성폭력 예방 지침서 공청회	홈 > 인권자료실
다시 한 번 성폭력 근절에 힘을 모으자!	홈 > 인권자료실
성교육백서: 부산성폭력상담소 청소년 대상 성교육	홈 > 인권자료실
성폭력과 상담	홈 > 인권자료실
난민, 귀환자, 국내 실향민에 대한 성폭력: 예방 및 대응 지침서	홈 > 인권자료실
(성폭력 없는 학교 만들기) 중 · 고등학교 내 성폭력 예방을 위한 심포지엄	홈 > 인권자료실
성폭력을 다시 쓴다: 객관성, 여성운동, 인권	홈 > 인권자료실
아동성폭력 가해자에 관한 연구	홈 > 인권자료실
성폭력 전문상담	홈 > 인권자료실
성폭력 피해 아동의 진술 타당도 분석 및 활용 방안에 관한 연구	홈 > 인권자료실
성폭력 피해 아동 보호대책에 관한 연구	홈 > 인권자료실
성폭력사건지원 나침반을 찾아라!: 성폭력사건지원자를 위한 가이드	홈 > 인권자료실
성폭력 피해자와 가해자를 위한 치료 지침서	홈 > 인권자료실
성폭력, 법정에 서다: 여성의 시각에서 본 법담론	홈 > 인권자료실
내 몸은 내가 지켜요: 성폭력 예방을 위한 지침서	홈 > 인권자료실
(성폭력 대응을 위한) 의료적-법적 가이드라인	홈 > 인권자료실
기타	
성희롱을 이야기하는 영화 두 편	홈 > 위원회소식 > 인권웹진 > 특집 > 2006.06성희롱

당당한 도전 아름다운 그녀: 성희롱 예방교육영상(컴퓨터파일)	홈 > 인권자료실
2차적 성폭력 없는 세상! 우리 함께해요!: 2차적 성폭력 없는 사회 만들기 종합 프로젝트(컴퓨터파일)	홈 > 인권자료실
이주노동자를 위한 성희롱, 성폭력 예방교육: SAY NO! 인권의 시작(컴퓨터파일)	홈 > 인권자료실

* 아래 자료는 국가인권위원회 – 인권자료실(http://library.humanrights.go.kr)에서 검색 가능함.

■ **한국양성평등교육진흥원**(http://www.kigepe.or.kr)

종 류	경 로
자료집	
성희롱 예방 강의	홈 > 정보채널 > 자료실 > 강의자료
성희롱 예방	홈 > 정보채널 > 자료실 > 강의자료
성희롱 인지력 점검	홈 > 정보채널 > 자료실 > 강의자료
성희롱 인지력 향상훈련	홈 > 정보채널 > 자료실 > 강의자료
성희롱 예방교육 현장과 강사의 역할	홈 > 정보채널 > 자료실 > 강의자료
성희롱 예방교육 현장 대응 훈련	홈 > 정보채널 > 자료실 > 강의자료
직장 내 성희롱 예방교육	홈 > 정보채널 > 자료실 > 강의자료
직장 내 성희롱예방과 피해자 지원 상담	홈 > 정보채널 > 자료실 > 강의자료
성희롱 통념과 성희롱	홈 > 정보채널 > 자료실 > 강의자료
성희롱 사건 지각	홈 > 정보채널 > 자료실 > 강의자료
성희롱 대처	홈 > 정보채널 > 자료실 > 강의자료
성희롱 관련 조사도구	홈 > 정보채널 > 자료실 > 강의자료
성희롱 조사 및 구제	홈 > 정보채널 > 자료실 > 강의자료

■ **한국성폭력상담소**(http://www.sisters.or.kr)

종 류	경 로
만화	
성폭력에 대한 통념 깨부수기	홈 > 성폭력에 대해 > 성폭력에 대한 통념 깨부수기
자료집	
2008년 섹슈얼리티 쟁점포럼 자료 모음집	홈 > 자료실 > 발간자료
직장 내 성희롱 개념, 인권 당사자에게 묻다	홈 > 자료실 > 발간자료
2008 릴레이시민토론 자료집	홈 > 자료실 > 발간자료
사건지원자를 위한 가이드 – 나침반을 찾아라	홈 > 자료실 > 발간자료
친족성폭력피해청소년지원 나침반을 찾아라!(*워크북 있음)	홈 > 자료실 > 발간자료
성폭력 조장하는 대법원 판례바꾸기 운동 – 1차~12차 자료	홈 > 자료실 > 발간자료
여성주의 관점의 성폭력 판례비평	홈 > 자료실 > 발간자료
여성주의 상담, 나침반을 찾아라	홈 > 자료실 > 발간자료
제23기 성폭력전문상담원 교육 자료집	홈 > 자료실 > 발간자료
제24기 성폭력전문상담원 교육 자료집	홈 > 자료실 > 발간자료
성폭력피해생존자를 위한 법률지침서	홈 > 자료실 > 발간자료
나는 아직 끝나지 않았다	홈 > 자료실 > 발간자료
성폭력 관련 법적쟁점 workshop	홈 > 자료실 > 발간자료
정신지체 장애인을 위한 성교육	홈 > 자료실 > 발간자료
서울대 조교 성희롱 사건 백서(상 · 하)	홈 > 자료실 > 발간자료
형사사법절차상 성폭력 피해자 보호방안에 관한 연구	홈 > 자료실 > 발간자료
성폭력 보도과정에서의 2차 피해 없는 방송문화 만들기	홈 > 자료실 > 발간자료
군대 내 성폭력 실태조사	홈 > 자료실 > 발간자료
친족성폭력 지원 상담자 워크숍	홈 > 자료실 > 발간자료

중학생 아이들과 '성' 으로 즐겁게 만나기	홈 > 자료실 > 발간자료
성폭력 · 가정폭력 쉼터 활동가를 위한 심화 워크숍	홈 > 자료실 > 발간자료
간호사와 함께 하는 가정폭력 · 성폭력에 관한 워크숍	홈 > 자료실 > 발간자료
피해자를 위한 성폭력 진료 및 수사	홈 > 자료실 > 발간자료
성폭력 · 가정폭력 상담원 심화 워크숍	홈 > 자료실 > 발간자료
친족성폭력 피해생존자 지원 상담매뉴얼	홈 > 자료실 > 발간자료
성폭력 · 가정폭력에 관한 의료진 워크숍	홈 > 자료실 > 발간자료
성폭력 · 가정폭력 피해자 지원을 위한 경찰교육	홈 > 자료실 > 발간자료
국내외 성폭력 연구동향 및 지원체계	홈 > 자료실 > 발간자료
성폭력 피해자 지원체계의 현황과 과제	홈 > 자료실 > 발간자료
Delete! 사이버 성폭력	홈 > 자료실 > 발간자료
성폭력에 관한 법률지침서	홈 > 자료실 > 발간자료
건강한 일터, 자유로운 여성	홈 > 자료실 > 발간자료
성폭력관련 공판에서의 2차 피해와 피해자 권리	홈 > 자료실 > 발간자료
인터넷을 이용한 성폭력 상담의 현황과 과제	홈 > 자료실 > 발간자료
보호시설 입소 성폭력피해 생존자 지원현황과 과제	홈 > 자료실 > 발간자료
가정폭력 · 성폭력 연계체계 활성화를 위한 토론회	홈 > 자료실 > 발간자료
어린이성폭력 피해자 지원을 위한 토론 및 수사 · 재판 시민감시단 발족식	홈 > 자료실 > 발간자료
반성폭력 운동의 성과와 과제	홈 > 자료실 > 발간자료
성폭력 피해자에 대한 의료비지원정책 이대로 좋은가	홈 > 자료실 > 발간자료
여성폭력추방정책, 이대로 좋은가	홈 > 자료실 > 발간자료
성폭력 근절, 남성도 뛴다!	홈 > 자료실 > 발간자료

남성적 관계와 성문화에 대한 성찰	홈 > 자료실 > 발간자료
직장 내 성희롱 예방교육 가이드—성희롱 예방 강사 양성 자료집	홈 > 자료실 > 발간자료
당당하고 자유롭게 일하는 여성	홈 > 자료실 > 발간자료
인터넷을 이용한 성폭력 상담 매뉴얼	홈 > 자료실 > 발간자료
성폭력에 관한 의료지침서	홈 > 자료실 > 발간자료
성폭력에 대해 알아야 할 몇 가지 것들—예방과 대처	홈 > 자료실 > 발간자료
성폭력 전문 상담원 교육 자료집	홈 > 자료실 > 발간자료
스포츠에서의 성차별적 관행 개선을 위한 토론회	홈 > 자료실 > 발간자료
경찰과 함께하는 성폭력 · 가정폭력에 관한 워크숍	홈 > 자료실 > 발간자료
성폭력 · 가정폭력 피해자의 통합적 지원체계 구축과 연계망 형성을 위한 워크숍	홈 > 자료실 > 발간자료
성폭력사건지원 나침반을 찾아라	홈 > 자료실 > 발간자료
세계의 반성폭력운동	홈 > 자료실 > 발간자료
성폭력관련 법적쟁점 분석 워크숍 자료집	홈 > 자료실 > 기타자료실
공판중심주의 관련 형사소송법 개정안과 여성폭력 피해자의 인권 간담회 자료집	홈 > 자료실 > 기타자료실
형사사법절차상 성폭력 피해자 보호방안에 관한 연구—성폭력 2차 피해 상담사례분석을 중심으로	홈 > 자료실 > 기타자료실
성폭력관련 공판에서의 2차 피해와 피해자 권리	홈 > 자료실 > 기타자료실
법조인의 성별의식과 양성평등교육 실태 및 대안모색을 위한 토론회 자료집	홈 > 자료실 > 기타자료실
성폭력특별법 시행 10주년 기념 토론회—반성폭력 운동의 성과와 과제	홈 > 자료실 > 기타자료실
성폭력특별법 적용실태와 개정방안	홈 > 자료실 > 기타자료실

통합과 회복을 위한 친족 성폭력 피해 생존자 지원 상담 매뉴얼	홈 > 자료실 > 기타자료실
대학 내 성폭력 관련 정책	홈 > 자료실 > 기타자료실
청소년 성문화를 통해 본 성폭력 실태 및 대책	홈 > 자료실 > 기타자료실
열림터 10주년 기념 세미나: 보호시설 입소 성폭력피해 생존자 지원현황과 과제	홈 > 자료실 > 기타자료실
단행본	
성폭력에 맞서다	홈 > 자료실 > 발간자료
섹슈얼리티 강의	홈 > 자료실 > 발간자료
섹슈얼리티 강의2	홈 > 자료실 > 발간자료
성폭력, 법정에 서다	홈 > 자료실 > 발간자료
아주 특별한 용기	홈 > 자료실 > 발간자료
비디오	
R U READY? 지금 우리는	홈 > 자료실 > 발간자료
우리들의 약속	홈 > 자료실 > 발간자료
내 몸은 내가 지켜요 2: 유아대상 성폭력 예방비디오	홈 > 자료실 > 발간자료
너 무슨 생각하고 있니?: 청소년 성폭력 예방비디오	홈 > 자료실 > 발간자료
직장 내 성희롱 예방 비디오: 건강한 일터, 자유로운 여성	홈 > 자료실 > 기타자료실
기타	
생존자 다이어리 겸 워크북	홈 > 자료실 > 기타자료실
생존자 다이어리	홈 > 자료실 > 기타자료실

■ **한국여성민우회성폭력상담소**(http://fc.womenlink.or.kr/)

종 류	경 로
자료집	
대학 내 반성폭력문화 확산을 위한 워크숍 자료집	홈 > 상담소생생 > 자료실
체험식 프로그램을 통한 성폭력 예방교육 워크숍 자료집	홈 > 상담소생생 > 자료실
성폭력 가해예방 교육 프로그램 매뉴얼	홈 > 상담소생생 > 자료실
당당한 성 · 안전한 성 · 즐거운 성	홈 > 상담소생생 > 자료실
CD	
성범죄 피해 · 가해 예방을 위한 성교육 자료 개발 및 워크숍-파워포인트자료	홈 > 상담소생생 > 자료실

■ **한국성폭력위기센타**(http://www.rape119.or.kr/)

종 류	경 로
CD	
예방이와 결정이의 성교육여행	홈 > 알림마당 > 자료실
단행본	
청소년 성교육 만화책-이제부터야!	

■ **한국청소년상담원**(http://www.kyci.or.kr/)

상담만화방에 성과 관련된 자료들이 있다(홈>청소년세상>상담자료실>상담만화방).

■ **대한가족보건복지협회 성상담**(http://www.ppfk.or.kr/)

교육자료 쇼핑몰에서 영상 및 인쇄자료들을 유료로 구입할 수 있다(성교육교구도 구입 가능).

종 류	경 로
CD	
너희들 이거 아니(청소년 성교육유형에 대해)	홈 > 교육자료 > 영상프로그램

부록

부록 1 상담신청서

성명		생년월일	년 월 일	남 · 여		접수일	
소속	대학 학과 학년			학번			
핸드폰		전화		전자우편			

1. 귀하는 다음 중 어떤 문제에 대해 상담받기를 원하십니까?(중복 선택 가능)
   ① 성희롱 및 성폭력　　② 성차별
   ③ 이성 및 성문제　　④ 정서적 문제
   ⑤ 기타 (다른 문제가 있으면 써 주십시오)

2. 해당 문제에 관련되는 대상자의 인적 사항 및 연락처(아는 대로 써 주시기 바랍니다.)

3. 신체적, 정서적으로 아프거나 불편한 것이 있습니까?

4-1. 이전에 상담이나 전문가의 도움을 받은 적이 있습니까?

있다 ___ 없다 ___

4-2. 있다면 언제, 어디서, 어떤 문제로 상담 받으셨습니까?

4-3. 상담을 하러 오게 된 경위는 무엇입니까?

5. 무엇이 달라지면 문제가 해결되었다고 생각하시겠습니까?

6. 상담소에 바라는 점은 무엇입니까?

부록 2 상담일지

<table>
<tr><td>분류
번호</td><td colspan="2">No.
-( )차</td><td>상담
일시</td><td>년 월 일
시 분 ~
시 분</td><td>상담
방법</td><td>전화□ 면접□
메일□ 게시판□</td><td>상담
내용</td><td>성희롱 · 성폭력□
성차별□ 성문제□
기타□</td></tr>
<tr><td rowspan="2">내담자</td><td rowspan="2">남□
여□</td><td rowspan="2">세</td><td colspan="2" rowspan="2">대학생□ 대학원생□
졸업생□
강사□ 교원□ 직원□
외부인□ 외국인□</td><td>소속</td><td></td><td rowspan="2">유형</td><td rowspan="2">피해자□
가해자□
제3자□</td></tr>
<tr><td>Tel</td><td></td></tr>
<tr><td rowspan="2">피해자</td><td rowspan="2">남□
여□</td><td rowspan="2">세</td><td colspan="2" rowspan="2">대학생□ 대학원생□
졸업생□
강사□ 교원□ 직원□
외부인□ 외국인□</td><td>소속</td><td></td><td rowspan="2">피해
유형</td><td rowspan="2">언어적□ 물리적□
환경적□ 스토킹□
기타□</td></tr>
<tr><td>Tel</td><td></td></tr>
<tr><td rowspan="2">가해자</td><td rowspan="2">남□
여□</td><td rowspan="2">세</td><td colspan="2" rowspan="2">대학생□ 대학원생□
졸업생□
강사□ 교원□ 직원□
외부인□</td><td>소속</td><td></td><td rowspan="2">피해
자와
의
관계</td><td rowspan="2">동기□ 선배□
후배□
동료□ 상사□
부하□
교수□ 강사□
기타□</td></tr>
<tr><td>Tel</td><td></td></tr>
<tr><td colspan="9">상담 내용</td></tr>
<tr><td colspan="9">1. 사건 발생 일시 및 장소
2. 사건 개요 및 특성
3. 사건 반복성과 지속 기간
4. 내담자 현재 상태
5. 내담자가 필요로 하는 도움</td></tr>
<tr><td colspan="9">상담 조처</td></tr>
<tr><td colspan="9">1. 정서적 안정과 지지
2. 문제해결 전략 탐색
3. 학내 성희롱 · 성폭력 관련 규정 및 절차 안내
4. 관련 법령 및 행정 조처에 대한 정보 제공</td></tr>
<tr><td colspan="9">상담 후 조처</td></tr>
<tr><td colspan="9">1. 의료적 지원
2. 법률적 지원
3. 행정적 지원
4. 정보 제공을 위한 자료 발송 (책자, 브로셔 등)
5. 외부 기관 및 프로그램 연계</td></tr>
</table>

부록 3 신고서

신 고 서

상담 번호	
사건 번호	
접수 일자	
접수 담당자	

1. 신고인이 당사자인 경우

이름		성별	남 □ 여 □	분류	대학생□ 대학원생□ 강사□ 직원□ 교원□ 외부인□ 기타□
소속		학번(주민등록번호)			
연락처		전자우편			
주소					

2. 신고인이 제3자인 경우

피해자	이름		성 별	남 □ 여 □	분류	대학생□ 대학원생□ 강사□ 직원□ 교원□ 외부인□ 기타□
	소 속		학번(주민등록번호)			
	연락처		전자우편			
	주소					
신고인	관계	친구□ 선 · 후배□ 지도교수 □ 동료□ 상사□ 기타□		신고 접수에 대해 당사자의 동의를 구하였습니까? 예□ 아니요□		
	연락처					

3. 피신고인

이름		성별	남 □ 여 □	분류	대학생□ 대학원생□ 강사□ 직원□ 교원□ 외부인□ 기타□
소속		학번(주민등록번호)			
연락처		전자우편			
주소		신고인과의 관계	동기□ 선배□ 후배□ 지도교수□ 동료□ 상사□ 부하□ 기타□ 모르는 사람□ 이성 친구□		

4. 피해 유형(해당란에 모두 표시)

언어적 괴롭힘☐ 신체적 접촉☐

학업 · 업무상의 차별☐ 스토킹☐ 기타☐

5. 피해 발생 횟수 및 기간

발생 횟수 : 일회성☐ 반복성☐

최초 발생일:

최근 발생일:

6. 피해 발생에 대해 신고인이 취한 반응 및 행동(해당란에 모두 표시)

아무런 행동도 취하지 않았음 ☐

말로 거부 의사를 나타냈음 ☐ 행동으로 거부 의사를 나타냈음 ☐

제3자를 통해 문제를 제기함 ☐ 변호사 · 경찰의 도움을 구함 ☐

기타(구체적으로): ____________________

____

7. 피해자의 행동에 대한 피신고자의 행동의 변화

중지☐ 감소☐ 변함없음☐ 증가☐ 기타☐

8. 희망 조처 사항(중복 표시 가능)

규정에 따른 처벌☐ 사과 및 중재 ☐

교육을 통한 재발 방지☐ 공간분리☐

9. 기타 하고 싶은 말

____

____

____

신고인 는 년 월 일자로 신고서를 접수하였으며, ○○대학교의 성희롱 · 성폭력 관련 규정에 따른 조사 절차에 성실히 협조할 것을 약속합니다.

신고인 (인/서명)

부록 4 피신고인 안내문

안 내 문

1. ○○ 대학교 성희롱 · 성폭력 상담소는 년 월 일자로 신고인 (소속 및 지위) 로부터 피신고인 (소속 및 지위) 에 대한 사건 신고를 접수 받았기에 이를 알립니다.

2. ○○ 대학교 성희롱 · 성폭력 상담소는 ○○대학의 성희롱 · 성폭력 관련 규정 및 시행 세칙에 의거하여 상기 접수된 사건을 조사 및 처리할 수 있으며, 피신고인은 본 대학의 구성원으로서 관련 규정 및 절차에 성실한 자세로 협조하여야 할 의무가 있습니다(규정 및 세칙 참조).

3. 피신고인에게는 진술서 및 출석 진술을 통해 스스로를 변호할 의무와 권리가 있으며, 조사 절차 진행 중 및 조사 종결 후, 사건 내용과 관계자들의 신상 정보에 대해 비밀을 유지할 의무가 있습니다(서약서 참조).

4. 피신고인은 정해진 일시와 장소에 출석하여 사건의 사실관계 등에 대해 진술하여야 하며 부득이 참석하지 못할 사정이 있을 시에는 사전에 고지하여야 합니다(출석 통지서 참조).

5. 본 대학의 성희롱 · 성폭력 관련 정책에 대한 이해를 돕기 위해 학내 상담소에서 발간한 성희롱 · 성폭력 예방 및 처리에 관한 홍보 책자 등을 동봉합니다.

○○대학교 성희롱 · 성폭력 상담소

부록 5 출석 통지서

출석 통지서

문서번호 : ____________________
수신대상 : ____________________

사건 번호				
신 고 인	성명		소속	
피 신 고 인	성명		소속	
신고 사유				
의견 진술을 요하는 사항				
근 거	○○ 대학교 성희롱 · 성폭력예방과처리에관한규정 제○○조 ○○ 대학교 성희롱 · 성폭력예방및처리에관한규정시행세칙 제○○조			

1. 본 상담소의 조사위원회는 위 사건의 신고를 접수하여 '○○대학교 성희롱 · 성폭력 예방과 처리에 관한 규정' 및 동 규정의 시행 세칙에 의거하여 사건을 조사하고자 합니다.
2. 사건의 공정한 조사를 위하여 귀하의 진술을 듣고자 하오니 출석하여 주시기 바랍니다.
   가. 출석일시 : 년 월 일 시
   나. 출석장소 :
3. 지정된 일시 및 장소에 출석할 수 없는 사유가 있을 시에는 필히 사전 고지를 한 후, 가능한 일시 및 장소로 변경하여야 합니다.
4. 정당한 이유나 절차 없이 3회 이상 출석을 거부할 경우 피신고인의 진술 및 자기 방어권을 포기하는 것으로 인정합니다.

○○ 대학교 성희롱 · 성폭력 조사위원회(인)

문의할 곳	전화		전자우편	

부록 6 피신고인 서약서

서 약 서

성명: ____________________

주민등록번호: ____________________________

______________은(는) 피신고인으로서 아래의 사항을 지킬 것을 서약합니다.

① 조사위원회 조사 절차에 성실히 협조
② 사건 내용 및 신고인 신상 정보에 관한 비밀유지
③ 조사 기간 중 신고인 및 증인에 대한 사적 접촉 금지
④ 신고인 및 주변인에 대한 보복 행위 금지

※ 조사 과정은 사실 확인을 위한 절차입니다. 피신고인은 조사위원회의 조사 절차를 통해 가해 사실이 확인되기 전까지는 피신고인의 신분을 유지하며 해당인의 인적 사항 및 사건에 대한 비밀이 보장됩니다.

년 월 일 성명: (인/서명)

※ 피신고인은 조사 과정에서 다음과 같은 권리를 갖습니다.
1. 조사위원회에 출석하여 진술할 수 있습니다.
2. 진술서, 소견서 등 관련 자료를 조사위원회에 제출할 수 있습니다.
3. 한국어 구사가 능통치 못한 외국인이거나 기타 사정으로 구두 진술이 불가능할 경우 대리인과 동반 출석하거나 서면 제출로 대체할 수 있습니다.
4. 조사 절차 및 그 결과에 대한 정보를 제공받을 수 있습니다.

부록 7 내용증명

신고인이 피신고인에게 문서를 보내거나 상담소에서 피신고인에게 문서를 발송할 때, 발송 사실과 발송 문서의 내용을 공식적으로 증명할 수 있는 방식을 채택하는 것이 필요하다. 내용증명이란 발송인이 수취인에게 어떤 내용의 문서를 언제, 누가, 누구에게 발송하였는지의 사실을 발송인이 작성한 등본에 따라서 우체국(장)이 공식적으로 증명하는 '등기취급 우편제도' 다(우편법 시행규칙 46조). 내용증명의 작성 요령은 다음과 같다.

• 작성 요령

먼저 A4용지(210×297mm)에 한쪽 면만을 사용하여 상대방에게 알리고자 하는 내용을 육하원칙에 따라 작성한다.

이때 작성하는 내용을 내용문서라고 하는데, 내용문서는 한글 또는 한자로 자획을 명료하게 기재한 문서인 경우에 한하여 취급이 가능하며, 공공의 질서 또는 선량한 풍속에 반하는 내용문서는 취급하지 않는다. 내용문서 작성 시 문자나 기호를 정정, 삽입 또는 삭제할 때에는 정정, 삽입 또는 삭제의 문자와 정정, 삽입 또는 삭제한 글자 수를 난 외의 빈자리나 끝부분 빈 곳에 기재하고 그곳에 발송인의 인장이나 지장을 찍어야 한다. 이때 정정 또는 삭제된 문자나 기호를 명확하게 알아볼 수 있도록 그 자체를 남겨 두어야 하며, 내용문서의 서두와 끝부분에는 발송인 및 수취인의 주소 성명을 반드시 기재하여 누가 누구에게 발송한 내용문서임에 확실히 나타나야 한다.

• 발송 절차

내용문서의 작성이 완료되면 2부를 복사한 후(내용문서의 매수 가 2매 이상일 경우에는 합철한 부분에 발송인의 인장이나 지장으로 가각 계인) 원본과 함께 우체국 접수창구에 제출한다. 만약 발송인이 내용문서의 성질상 원본을 보내기 어려울 경우는 복사본 3부만을 제출하여도 된다. 내용문서 원본과 복사된 등본 2통에 대하여 소정의 증명절차가 끝나면 원본을 수취인에게 발송하여야 한다. 수취인에게 보낼 원본은 내용문서에 기록된 발송인 및 수취인의 주소, 성명을 동일하게 기재한 봉투에 넣고 우체국 취급 직원이 보는 곳에서 이를 봉함하여 등기접수하면 된다.

• 이용 범위 및 재증명 청구

내용증명 취급은 국내우편의 특수 취급이기 때문에 외국으로 발송하는 우편물에는 이용할 수 없다. 다만 국내에 거주하는 외국인에게 국내우편물로서는 발송이 가능하다. 내용증명은 단지 내용과 발송 사실만을 우편관서에서 증명해 줄 뿐이고, 법적효력은 사법기관의 판단 사항이므로 내용증명 발송만으로 법적효력이 인정되는 것은 아니다. 내용증명 우편물 발송 후, 발송인이나 수취인이 내용문서의 등본이나 원본을 분실하였거나 새로운 등본이 필요할 때는 당해 내용증명 우편물을 발송한 다음날로부터 3년까지는 발송 우체국에서 내용증명의 열람이나 재증명을 청구할 수 있다.

• 유의사항

내용증명은 단지 내용과 발송 사실만을 우편관서에서 증명해 줄 뿐, 법적 효력은 사법기관의 판단사항이므로 내용증명발송만으로 법적효력이 인정되는 것은 아님을 유의해야 한다. 내용증명은 주로 본안소송 제기에 앞서 의무의 이행을 촉구하거나 증거력을 확보하기 위한 수단 등으로 이용되는 것이다.

부록 8 조사위원회 관련 각종 문서 양식

성희롱 · 성폭력상담소 상담자 복무 윤리에 관한 서약서

본인은 ○○대학교 성희롱 · 성폭력상담소의 기밀과 직무상 취득한 일체의 사항을 재직 중은 물론 퇴직 후에도 직무상 목적 외에 사용하지 아니할 것과 타인에게 누설하지 않을 것을 서약합니다.

일시:

서명:

조사(심의)위원회 기록자 복무 윤리에 관한 서약서

본인은 ○○대학교 성희롱 · 성폭력상담소의 조사위원회 회의자료 녹취와 관련하여 취득한 일체의 사항을 재직 중은 물론 퇴직 후에도 직무상 목적 외에 사용하지 아니할 것과 타인에게 누설하지 않을 것을 서약합니다.

일시:

서명:

조사(심의)위원 서약서

성명:
주민등록번호:

본인은 2007-○○ 사건의 조사(심의)위원으로서 ○○대학교 성희롱 · 성폭력 상담소 조사위원회의 조사 과정에서 언급되는 일체의 사항 및 정보에 관하여 비밀을 지킬 것을 서약합니다.

년 월 일

성명: (인)

신고인 및 피신고인 진술서

1. 작 성 자: (인)

2. 작성 일시:

3. 사건 경위:
(가급적 육하원칙에 준해서 구체적으로 작성해 주시기 바랍니다.)

4. 바라는 조치 사항:

부록 9 전국 ONE-STOP 지원 센터

서울 경찰병원	소재지: 서울시 송파구 가락본동 58번지 연락처: (02)3400-1117, 3400-1700 홈페이지: http://www.smonestop.or.kr
부산 부산의료원	소재지: 부산광역시 연제구 거제2동 1330번지 연락처: (051)507-1170, 805-0117 홈페이지: http://www.bsonestop.or.kr
강원 강원대학병원	소재지: 강원도 춘천시 효자3동 17-1번지 연락처: (033)243-8117, 244-8117 홈페이지: http://gwonestop.or.kr
충북 청주의료원	소재지: 충북 청주시 흥덕구 사직1동 554-6번지 연락처: (043)272-7117, 274-7117 홈페이지: http://www.cbonestop.or.kr
전북 전북대학병원	소재지: 전북 전주시 덕진구 금암동 367-18번지 연락처: (063)278-0117, 273-2117 홈페이지: http://jbonestop.or.kr/2008
인천 인천의료원	소재지: 인천광역시 동구 송림동 318-1번지 연락처: (032)582-1170, 582-1171 홈페이지: http://www.icmc.or.kr/
대구 대구의료원	소재지: 대구광역시 서구 중리동 1162번지 연락처: (053)556-8117, 556-9117 홈페이지: http://onestop.daegumc.co.kr
경북 안동의료원	소재지: 경상북도 안동시 북문동 470번지 연락처: (054)843-1117, 843-2117 홈페이지: http://www.gbonestop.or.kr
울산 동강병원	소재지: 울산광역시 중구 태화동 123-3번지 연락처: (052)246-3117, 244-3117 홈페이지: http://www.usonestop.or.kr
대전 · 충남 충남대학병원	소재지: 대전광역시 중구 대사동 640번지 연락처: (042)280-8436 홈페이지: http://www.djonestop.or.kr
광주 · 전남 조선대학병원	소재지: 광주광역시 동구 사직동 588번지 연락처: (062)225-3117 홈페이지: http://www.gjonestop.or.kr
경남 마산의료원	소재지: 경상남도 마산시 중앙동 3가 3번지 연락처: (055)244-8117 홈페이지: http://gnonestop.or.kr
제주 한라종합병원	소재지: 제주 연동 1963-2번지 한라종합병원 내 연락처: (064)749-5117, 749-6117 홈페이지: http://www.hallahosp.co.kr
경기남부 아주대학병원	소재지: 경기도 수원시 영통구 원천동 산5번지 연락처: (031)216-1117 홈페이지: http://hosp.ajoumc.or.kr
경기북부 의정부의료원	소재지: 경기도 의정부시 의정부2동 433번지 연락처: (031)874-3117, 5117 홈페이지: http://www.medical.or.kr/gpmcuh

부록 10 성희롱 예방교육에 필요한 FAQ

Q: 교수나 교직원도 학교 규정의 적용을 받나요?

A: 그렇습니다. '○○대학교 성희롱 · 성폭력 예방과 처리에 관한 규정' 은 ○○대학교의 모든 구성원을 대상으로 하며, 사건 당사자 중 한 명만 해당되는 경우도 상담 및 신고가 가능합니다.

Q: 신고는 누가, 어떻게 할 수 있나요?

A: 성희롱 · 성폭력의 피해자 본인 또는 목격자는 방문, 전화, 전자우편, 홈페이지 등을 통해 사건을 신고할 수 있습니다. 직접 신고하지 않더라도 대리인이나 학내 다른 기관을 통해 할 수 있습니다.

Q: 신고했다가 소문이 난다거나 어떤 불이익을 당하지 않을까요?

A: 피해자의 신원이 노출될 위험이 있는 자료는 피해자나 대리인의 사전 동의 없이 공개할 수 없도록 규정되어 있습니다.

Q: 피해자에게 법적으로 도움을 줄 수 있다는데 설명을 해 주세요.

A: 자력으로 법적 구제비용을 감당하기 어려운 피해자는 상담소에 지원을 요청할 수 있으며, 패소할 것이 명백한 사건이 아니라면 상담소는 운영위원회의 의결을 거쳐 법적 구제비용의 일부를 지원할 수 있습니다.

Q: 사건이 신고되면 어떤 과정을 거치게 되나요?

A: 사건이 신고되면 조사위원회가 구성됩니다. 피해자 보호를 위해 신고인(피해자 본인 또는 피해자의 대리인)은 조사위원 중 원치 않는 위원에 대해 기피신청을 할 수 있습니다. 구성된 조사위원회는 신고인과 피신고인(가해자로 신고된 사람) 그리고 목격자들의 증언과 기타 증거에 따라 사건을 조사 및 처리합니다.

Q: 조사 과정에서 사건 당사자들은 어떤 권리를 가질 수 있나요?

A: 신고인과 피신고인은 조사 과정 중 필요하다고 생각할 때, 자료를 제출하거나 발언할 기회를 요청할 수 있으며, 조사위원회의 결정에 대해 불복 의사가 있을 때는 ○○일 이내에 재심의를 요청할 수 있습니다(해당 기관의 규정에 따름).

부록 11 성희롱 관련 법 조항

법 령	조 항	내 용
헌법	제10조	행복추구권
	제11조	평등권
	제32조	근로권
여성발전기본법	제3조 제4호, 5호	정의
	제17조의2	성희롱 방지 등
국가인권위원회법	제2조 제4호	평등권 침해의 차별행위 금지
	제2조 제5호	성희롱 정의
	제30조	위원회의 조사대상
	제32조	진정의 각하
	제44조	구제조치 등의 권고
	제45조	고발 및 징계권고
남녀고용평등과 일 · 가정 양립지원에 관한 법률	제2조 2항	직장 내 성희롱 정의
	제12조	직장 내 성희롱 금지
	제13조	직장 내 성희롱 예방교육
	제14조	직장 내 성희롱 발생 시 조치
남녀고용평등과 일 · 가정 양립지원에 관한 법률 시행령	제4조 1항, 2항	직장 내 성희롱 예방교육
남녀고용평등과 일 · 가정 양립지원에 관한 법률 시행규칙	제10조	직장 내 성희롱을 한 자에 대한 징계
국가공무원법	제63조	품위유지의 의무
	제78조	징계 사유
교육공무원징계령	제1조	적용 범위
	제1조2	정의
교육공무원 징계양정 등에 관한 규칙	별표1의 제7호	성폭력, 성희롱 징계 규정
교육과학기술부 성희롱예방지침	제1～14조	목적 및 예방과 처리 전반에 대한 지침
공공기관의 성희롱예방지침	제1～6조	공공기관 성희롱 예방의 내용 방법 등

|참고문헌|

가족치료연구모임(1995). 해결중심적 단기가족치료. 서울: 하나의학사.

강현화 · 고은영(2001). 성차에 따른 여성의 역할과 성희롱에 대한 인식차이 비교연구. 학생생활연구, 6, 65-82.

강희순(2002). 대학 내 성희롱에 관한 실태와 대처방안. 순천대학교 교육대학원 석사학위논문.

고려대학교 성폭력상담소(2003). 성희롱 실태와 예방 그리고 치유를 위한 보고서.

교육인적자원부(2005a). 대학의 성희롱 · 성폭력 사건처리 매뉴얼—상담을 중심으로.

교육인적자원부(2005b). 대학 성희롱 · 성폭력 예방 관련 10월 24일자 보도자료.

권수현(2003a). 가해자를 통해 본 성폭력. 한국성폭력상담소 성폭력전문상담원 교육자료집.

권수현(2003b). 성폭력 가해자 교육 프로그램의 의의. 한국 여성민우회 가족과 성 상담소 성폭력 가해자 재범방지를 위한 프로그램 매뉴얼.

김계현 · 김은경 · 신상숙 · 박정미 · 김보명(2005). 국내외 대학의 성희롱 · 성폭력 정책연구. 서울: 학지사.

김명화(1998). 청소년 강간 가해자의 심리적 변인과 환경적 변인에 관한 연구. 서울여자대학교 대학원 석사학위논문.

김수형(2006). 대학 내 성희롱 · 성폭력 실태와 예방을 위한 접근. 성평등상담연구, 창간호, 23-41.

김보연(2004). 대학 내 성폭력 사건처리의 합리적인 절차. 전국 대학 내 성폭력 상담실무자협의회 동계연수 자료집, 2-10.

김양희(1995). 성희롱: 경험과 인식, 그리고 정책방안. 한국심리학회지: 사회문제, 2(1), 17-32.

김영희(2005). 사건 처리 절차. 전국대학교육협의회 성희롱 고충상담원 연수 자료집, 1~14.

김정규 · 김중술(2000). 아동기 성피해의 심리적 후유증-성인기 정신건강에 미치는 여향을 중심으로. 한국심리학회지: 임상, 19(4), 474-769.

김정아(1999). 청소년 성폭력 가해자 집단 프로그램. 가톨릭대학교 대학원 석사학위논문.

김정인(2000). 성희롱행동의 이해와 실제. 서울: 교육과학사.

김정인 · 최상진 · 박정열(2002). 성희롱 행위에 대한 대처인식 및 가용자원의 기능. 한국심리학회지: 여성, 7(2), 53-75.

노일석(2003). 성폭력 가해자 재범방지 프로그램으로서의 수강명령제도의 가치와 프로그램 필수 구성 요소. 한국 여성민우회 가족과 성 상담소 성폭력 가해자 재범방지를 위한 프로그램 매뉴얼.

도상금(2006). 성폭력으로 인한 심리증상을 매개하는 무력감, 귀인 및 정서 대처. 서울대학교대학원 박사학위논문.

민병근 · 김헌수(1992). 성비행 청소년의 가족역동. 신경정신의학, 31(3).

박경 · 고정애 · 소용주 · 이명희 · 이화순(2005). 성폭력 피해자와 가해자를 위한 치료 지침서. 학지사.

박금주 · 김두화 · 김성현(2005). 대학생의 성희롱 · 성폭력 실태에 관한 연구. 제주대학교 학생생활연구, 26(1), 307-342.

법무연수원(2006). 범죄백서. 법무연수원.

서울대학교 성희롱 · 성폭력 상담소(2004). 2003년 대학생의 성의식 및 성폭력 실태조사.

신기숙(2003). 청소년 성폭력 가해자의 심리사회적 특성에 관한 질적 연구. 가톨릭대학교 대학원 석사학위논문.

신이찬희(2003). 가해자 교육 프로그램 내용. 한국 여성민우회 가족과 성 상담소 성폭력 가해자 재범방지를 위한 프로그램 매뉴얼.

여성가족부(2004). 대학 내 성희롱 · 성폭력 방지대책 수립을 위한 워크숍 자료집. 여성가족부.

여성가족부(2005). 2002-2004년 가정폭력 · 성폭력 피해자 보호관련 통계.

오정진(1998). 성희롱의 법적 개념. 여성과 사회, 9, 240-251.

유경희(2003). 민우회 가해자 교육의 배경 및 현황. 한국 여성민우회 가족과 성 상담소 성폭력 가해자 재범방지를 위한 프로그램 매뉴얼, 33-46.

윤영민(2002). 성희롱의 정의: 사회적 합의가 가능한가? 한양대학교 성폭력 상담소 성희롱의 합리적 기준 설정을 위한 세미나 자료집, 1-27.

이미경(2001). 성폭력의 실태와 대책. 생명연구, 4, 157-175.

이미정(2002). 사례분석을 통한 성희롱 기준 모색. 한양대학교 성폭력 상담소 성희롱의 합리적 기준 설정을 위한 세미나 자료집, 1-21.

이순래(2006). 외국의 청소년비행 대응 정책 동향-미국의 OJJDP의 사례를 중심으로. 보호, 18, 165-194.

이원숙(2001). 성폭력과 사회복지. 서울: 강남대학교 출판부.

이창한(2004). 보호관찰에 있어 회복적 사법 적용가능성 검토. 피해자학연구, 12(2), 53-84.

임창희 · 홍용기(1996). 직장여성의 성희롱 태도에 관한 연구. 경영학연구, 25(3), 145-170.

장윤경(2002). 데이트 성폭력 피해 경험에 관한 연구-데이트성폭력 인지도의 매개효과를 중심으로-. 이화여자대학교 사회복지대학원 석사학위논문.

정문자 · 송성자 · 이영분 · 김유순 · 김은영(2008). 해결중심 단기치료. 서울: 학지사.

진정희(2003). 성희롱 사건 해석 과정에서 나타나는 현대적 성차별주의의 영향. 서울대학교 대학원 석사학위논문.

천대윤(1999). 성희롱 정책: 이론과 실제. 서울: 선학사.

최은영(1997). 아동 성학대의 실태에 관한 연구. 숭실대학교 대학원 석사학위논문.

하혜숙(2005). 대학 성희롱 · 성폭력 상담소의 역할. 한국상담학회 연차대회 학술발표 자료집, 283-297.

하혜숙(2007a). 남녀대학생의 성희롱 인식차이 분석을 통한 효과적 상담방안 연구. 서울대학교 대학원 박사학위논문.

하혜숙(2007b). 대학생의 성희롱 대처방안 차이 연구. 상담 및 심리치료, 19(3), 785-800.

하혜숙(2007c). 회복적 사법 개념이 대학 상담에 주는 시사점 연구: 성희롱 상담을 중심으로. 아시아교육연구, 8(3), 307-322.

하혜숙 · 김계현(2007). 성희롱 판단에 대한 남녀 차이 분석 연구-대학 내 성희롱 상담 및 예방교육을 위한 시사점 도출을 위하여. 상담학연구, 8(2), 437-450.

하혜숙 · 김동일(2007). 다시 생각해 본 성폭력 개입 프로그램: 성폭력 가해자 교육 및 상담 프로그램 구성을 위한 소고. 열린교육연구, 15(2), 111-125.

하혜숙 · 김보명(2005). 대학의 성희롱 · 성폭력 사건처리 매뉴얼: 상담을 중심으로. 교육인적자원부.

한국성폭력상담소(2001a). 대학 내 성폭력 관련 정책. 서울: 한국성폭력상담소.

한국성폭력상담소(2001b). Delete! 사이버 성폭력. 서울: 한국성폭력상담소.

한국성폭력상담소(2007a). 성폭력 피해생존자를 위한 법률지침서. 서울: 한국성폭력상담소.

한국성폭력상담소(2007b). 여성주의 상담, 나침반을 찾아라. 서울: 한국성폭력상담소.

한국성폭력상담소(2007c). 친족 성폭력 피해청소년 지원, 나침반을 찾아라. 서울: 한국성폭력상담소.

한국여성개발원(1992). 성폭력의 예방과 대책에 관한 연구. 한국여성개발원.

한국여성민우회(2008). 성폭력 가해자 재범방지를 위한 프로그램 매뉴얼. 한국여성민우회 가족과성상담소.

한국형사정책연구원(1999). 수강명령프로그램의 운용실태와 개발방향. 한국형사정책연구원.

한국형사정책연구원(2005). 성폭력 · 성매매 가해자 교정 · 교화 프로그램 연구. 한국형사정책연구원.

Argyle, M. (1992). *The social psychology of everyday life.* London: Routledge.

Barker, A. J. L., Tabacoff, R., Tornusciolo, G., & Eisenstadt, M. (2001). Calculating Number of Offenses and Victims of Juvenile Sexual Offending: The Role of Posttreatment Disclosure, Sexual Abuse. *Journal of Research and Treatment, 13*(2), 79-90.

Blishak, S. A. (1993). Working in the gray zone. *Office Systems, 10*(11), 58-64.

Brammer, L. M., & MacDonald, G. (1996). *The helping relationship: Process and skills* (6th ed.). Boston: Allyn & Bacon.

Carroll, J. S., & Winer. R. L. (1982). Cognitive social psychology in court and beyond. In A. H. Hastorf & A. M. Isen (Eds.), *Cognitive social psychology* (pp. 213-253). NY: Elservier North Holland.

Cochran, C., & Frazier, P. (1992). *Sexual harassment on campus: Prevalence, responses, and definitions.* ERIC Document Reproduction Service No. ED353536.

Condon, W. (1979). An analysis of behavioral organization. Weitz, S. (Ed.), *Nonverbal communication: Reading with commentary* (2nd ed.). NY: Oxford University Press.

Crocker, P. (1983). An analysis of university definitions of sexual harassment. Signs: *Journal of Women in Culture and Society, 8*(4), 696-707.

Fitzgerald, L. F. (1996). Sexual harassment: The definition and measurement of a construct. In M. A. Paludi (Ed.), *Sexual harassment on college campus: Abusing the Ivory Power* (2nd ed.) New York: State University of New York Press.

Ford, M. E., & Linney, J. A. (1995). Analysis of Juvenile Sexual Offenders, Violent Nonsexual Offenders and Status Offenders. *Journal of Interpersonal Violence, 10*(1), 56-70.

Frazier, P. A., Cochran, C. C., & Olson, A. M. (1995). Social science research on lay definitions of sexual harassment. *Journal of Social Issues, 51*(1), 21-37.

Friedman, J., Boumil, M. M., & Taylor, B. B. (1992). *Sexual harassment.* Hci.

Gelso, C., & Fretz, B. (2001). *Counselling psychology* (2nd ed.) pp. 186-193. NY: Harcourt, Inc.

Graves, R. B., Openshaw, D. K., Ascione, F. R., & Ericksen, S. L. (1996). Demographic and Parental Characteristics of Youthful Sexual Offenders. *International Journal of Offender Therapy and Comparative Criminology, 40*(4), 300-317.

Gutek, B. A., Morasch, B., & Cohen, A. G. (1983). Interpreting social-sexual behavior in a work setting, *Journal of Vocational Behavior*, 22, 30-48.

Gutek, B. A., Morasch, B., & O'Connor, M. (1995). The empirical basis for the reasonable woman standard. *Journal of Social Issues, 51*(1), 151-166.

Hill C. E., & O'Brien K. M. (1999). *Helping Skill: Facilitation Exploration, Insight, and Action.* [주은선 역(2001). 상담의 기술. 서울: 학지사.]

Jenson, I., & Gutet, B. A. (1982). Attributions and assignment of responsibility for sexual harassment. *Journal of Social Issues, 38,* 121-136.

Jongsma, A. E., & Budrionis, R. (2003). *The Sexual Abuse Victim and Sexual Offender Treatment Planner.* John Wiley & Sons.

Koss, M. P., & Harvey M. H. (1987). *The Rape Victim: Clinical and Community Approaches to Treatment.* The Stephen Greene Press.

Mueller, J. (1997). Address harassment's gray area. *Washington Business Journal*, Feb. 21, p. 1.

Naomi M. Dogan (2000). *Toward a theory of sexual harassment: Giving voice to women students' experiences, Doctoral Dissertation* (pp. 308-

343)(counseling psychology). The Pennsylvania State University.

OJJDP (1999). Balanced and Restorative Justice Program Summary. *Office of Justice Program.* U.S. Department of Justice.

Paludi, M. A. (Ed.) (1990). *Ivory power: Sexual harassment on Campus.* Albany: SUNY Press.

Powell, G. (1983). Definitions of sexual harassment and sexual attention experienced. *Journal of Psychology, 113*(1), 113-117.

Rossi, P. H., & Weber-Burden, E. (1993). Sexual harassment on the campus. *Social Science Research, 12*, 131-158.

Sandler, B. R., & Shoop, R. J. (1997). Sexual harassment on campus. *A guide for administrators, faculty, and students.* Allyn and Bacon.

Shaver, K. G. (1985). *The attribution of blame: Causality, responsibility, and blame-worthiness.* NY: Spinger-Verlag.

Stockdale, M. S. (1996). *What we know and what we need to learn about sexual harassment.* In Sexual harassment in the workplace (ed.). Thousand Oaks, CA: Sage.

Thacker, T. A., & Gohmann, S. F. (1993). Male/female differences in perceptions and effects of hostile environment sexual harassment: "Reasonable" assumptions? *Public Personnel Management*, 22, 461-472.

Umbreit, Mark, S. (2001). *The Handbook of Victim Offender Mediation.* San Francisco: Jossey-Bass.

Vance, S., & Wendt, A. (2000). Toward a definition of sexual harassment in the workplace. *Popular Measurement, 3*(1), 55-57.

Weiner, B. (1985). An attributional theory of achievement motivation and emotion. *Psychological Review, 92,* 548-573.

Wokman, J. E., & Johnson, K. K. P. (1991). The role of cosmetics in attributions about sexual harassment. *Sex Roles, 24*, 759-769.

York, K. M. (1989). Defining sexual harassment in work places: A policy-capturing approach. *Academy of Management Journal*, *32*, 830-850.

찾아보기

저자 소개

하혜숙

서울대학교 대학원 교육학 박사(2007)
서울대학교 성희롱 · 성폭력 상담소 전문위원(2004~2007년)
서울대학교 학생기숙사(관악사) 상담실장(1999~2004년)
대학의 성희롱 · 성폭력 사건처리 매뉴얼(교육인적자원부, 2005) 책임연구원
성희롱, 아하! 그렇구나(교육인적자원부 · 한국교육개발원, 2007) 직장용 성희롱 예방교육 CD 개발 책임연구원
현 전주대학교 상담학과 교수(2007년~현재)

상담학 Best Practice 시리즈-상담문제 영역 6
성희롱 · 성폭력 상담자 가이드

2009년 8월 20일 1판 1쇄 인쇄
2023년 6월 20일 1판 4쇄 발행

지은이•하혜숙
펴낸이•김진환
펴낸곳•(주) 학지사
04031 서울특별시 마포구 양화로 15길 20 마인드월드빌딩
대표전화•02)330-5114　　팩스•02)324-2345
등록번호•제313-2006-000265호

홈페이지•http://www.hakjisa.co.kr
페이스북•http://www..facebook.com/hakjisabook

ISBN 978-89-6330-198-3 93180

정가 12,000원